MALAKEH JAZMATI

ملكة

MALAKEH

SEHNSUCHTSREZEPTE AUS MEINER SYRISCHEN HEIMAT

Inhalt

Essen verbindet

Ich komme aus einem Land, in dem an jedem Tag die Sonne scheint und in dem die Menschen mit den Pflanzen liebevoll zusammenleben. Geist und Natur blühen dort auf; der Mensch wird zum Künstler, der aus all diesen pflanzlichen Wesen schöne Bilder schafft und mit seiner Arbeit die Früchte des Bodens schmackhaft und bekömmlich macht. Vom Flugzeug aus konnte man das besonders gut erkennen, wenn man auf die farbigen Felder unseres Landes blickte. Und genauso ist es mit unseren Speisen: Bohnen neben Kichererbsen mit allerhand Kräutern, die sie begleiten.

Sollte es irgendwann wieder möglich sein, Syrien zu besuchen, dann empfehle ich Ihnen: Gehen Sie als Erstes in einen Gemüseladen und kosten Sie unsere vielfältigen Gemüse- und Fruchtsorten – Sie werden ein besonderes Aroma kennenlernen und sich fühlen wie im Paradies. Trinken Sie einen Becher Milch von einem Bauernhof und genießen Sie ihre Süße und ihre Geschmeidigkeit.

Bei uns isst man auch, um den Jahreszeiten zu begegnen. Im Sommer nehmen wir Lebensmittel zu uns, die uns kühlen; im Winter lassen wir uns wärmen.

In meinem Land ist das Essen eine Möglichkeit, um einander zu helfen. Wir tauschen Speisen untereinander aus und verteilen sie, in der Nachbarschaft, aber auch in der Familie, unter Freunden, von Jungen zu Alten und von reich zu arm.

Manchmal füllen wir ganze Straßen mit Lebensmittelspezialitäten. Es kann passieren, dass man in einer einzigen Straße nur Konditoreien findet und in der nächsten Straße nur Falafelstände. Und gelegentlich darf man sogar kostenlos probieren.

Doch zurzeit kann man mein Land nicht besuchen, denn es herrscht Krieg. Dieser Krieg zerstört alles – er tötet Menschen und Tiere und lässt die Pflanzen nicht mehr wachsen. Um ein Land zu retten, braucht es viele Spezialisten: Einer muss die Kultur retten, ein anderer die alten Denkmäler und Bauwerke, der nächste die Kinder und das Wissen. Und einer muss die Traditionen der Küche retten, die ja nicht nur dazu dienen, den Hunger zu stillen.

Bei uns sagt man: Edison schuf das Licht, anstatt die Dunkelheit zu beklagen – und so ist es auch für mich unmöglich, all die schönen Erinnerungen an dieses Paradies zu vergessen. Stattdessen möchte ich sie mit Ihnen teilen.

Die Küche eines Landes sagt immer sehr viel aus über die Kultur und das Wesen seiner Bewohner – man sieht das an der Verwendung der heimischen Zutaten, man sieht das an der Art der Zubereitung und man sieht das daran, wie gemeinsam gegessen wird. So ist die arabische Küche bekannt für ihre aufwendigen Rezepte: Die Zubereitung einer einzigen Speise benötigt häufig viel Zeit, viel Erfahrung und die Hilfe der ganzen Familie.

Einige Speisen sind an bestimmte Feiertage und Festlichkeiten geknüpft, bei denen Freunde und Verwandte zusammenkommen und an die man sich noch lange danach erinnern wird – unter anderem wegen der köstlichen Speisen!

> ***Und so möchte ich mit jedem Rezept dieses Buchs dazu einladen, dass Sie, meine Leserinnen und Leser, die Gerichte gemeinsam mit Ihren Familien und Freunden vorbereiten und genießen.***

Sie sollen beim Kochen nicht nur das Gefühl haben, „nur“ ein Gericht zubereitet, sondern ein Kunststück geschaffen zu haben, das Sie mit vielen anderen teilen werden.

Doch ich möchte nicht nur meine Rezepte auflisten, sondern zwischen den Seiten auch die jeweilige Geschichte des Essens schildern, unsere verschiedenen Landschaften und Regionen beschreiben und von unserer Tradition erzählen. Woher kommt der Name einer Speise? Aus welcher Legende ist dieses Gericht entstanden? Welches Geheimnis verbirgt sich hinter dieser Zubereitung? Welche Anekdote wird hierzu immer erzählt? Warum ist diese oder jene Stadt ausgerechnet für dieses Rezept berühmt? Mit welchem Feiertag hat diese Speise zu tun, und warum benötigt man dazu einen Teller in genau dieser Form? Diese und andere Fragen werde ich Ihnen im Laufe des Buchs beantworten.

> ***Ich glaube, dass wir beim Kochen – obwohl es regional so unterschiedlich ist – doch eine universale Sprache sprechen, durch die wir uns verständigen, uns treffen, unsere Zuneigung und Freude ausdrücken. Ohne viel zu sprechen, können wir mit Liebe und Aufmerksamkeit beim Kochen deutlich machen, wie wichtig uns die anderen sind.***

Am Ende habe ich einen Wunsch: Ich möchte irgendwann einmal wieder die Gelegenheit haben, die Welt einzuladen, unser Land zu besuchen und es zu entdecken – seine Schönheit, die Großzügigkeit des syrischen Volkes und natürlich seine Küche.

Malakeh Jazmati

Vorspeisen

Musabaha

HUMMUS

„Hummus, der cremige Dip aus Kichererbsen und Sesampaste, zählt in Syrien zu den Nationalgerichten. Für mein Rezept benutze ich statt Wasser manchmal auch eine entsprechend große Menge Eiswürfel. Dann wird der Hummus besonders cremig und weich. Das Eis wird fein zerstoßen und mit allen Zutaten vermischt."

4 PERSONEN CA. 10 MIN. ZUBEREITUNG

1–2 Knoblauchzehen
500 g gegarte Kichererbsen (aus der Dose)
50–60 ml Zitronensaft
Salz
50 ml Olivenöl
50 g Tahin (Sesampaste)
1 TL gemahlener Kreuzkümmel (Cumin)

Den Knoblauch schälen und in feine Würfel schneiden. Die Kichererbsen in ein Sieb abgießen, abtropfen lassen und mit dem Stabmixer pürieren. Mit 75 ml Wasser, dem Zitronensaft und dem Knoblauch vermischen und mit Salz würzen. 25 ml Olivenöl und 25 g Tahin hinzugeben. Alles zu einer glatten Paste verrühren, dann das restliche Tahin langsam unterrühren.

Den Hummus als Ring auf einem Teller anrichten oder in ein Schälchen geben und das restliche Olivenöl darüberträufeln. Den Kreuzkümmel darüberstreuen.

TIPP „Hummus kann man gut vorab zubereiten oder die Reste noch eine Zeit lang im Kühlschrank aufbewahren. Dann sollten Sie aber keinen Knoblauch verwenden, denn er entwickelt nach und nach einen unangenehmen, nahezu bitteren Beigeschmack."

Humus Bilaban

HUMMUS MIT JOGHURT

„Die cremige Kichererbsenpaste können Sie natürlich pur löffeln, mit frischem Fladenbrot genießen oder als Dip zu rohen Gemüsesticks servieren."

6–8 PERSONEN CA. 20 MIN. ZUBEREITUNG

800 g gegarte Kichererbsen (aus der Dose)
50 g Tahin (Sesampaste)
200 g griechischer Joghurt
50–60 ml Zitronensaft
Salz
300 g Tomaten
50 g Petersilienblätter
2–3 Knoblauchzehen
75 ml Olivenöl

Die Kichererbsen in ein Sieb abgießen, abtropfen lassen und mit dem Stabmixer pürieren. Mit Tahin, Joghurt und Zitronensaft zu einer glatten Paste verrühren. Mit Salz würzen.

Die Tomaten waschen und in kleine Würfel schneiden, dabei die Stielansätze entfernen. Die Tomatenwürfel ggf. in einem Sieb abtropfen lassen. Die Petersilie waschen, trocken schütteln und fein hacken. Den Knoblauch schälen und in feine Würfel schneiden.

Alles unter das Kichererbsenpüree mischen und den Hummus in eine Schale füllen. Mit dem Olivenöl übergießen.

TIPP „Wenn ich Hummus zubereite, verwende ich mit Vorliebe gekochte Kichererbsen aus der Dose. Sie haben die perfekte Konsistenz, und zudem spart es Zeit."

Motabbal

AUBERGINENPÜREE MIT JOGHURT

„Für besondere Anlässe verziere ich mein Motabbal am liebsten mit kleinen Hügeln aus Granatapfelkernen, einen in der Mitte der Schüssel und je einen in den vier Ecken. Die Walnüsse hacke ich nicht zu klein, damit ich hübsche Hütchen inmitten der roten Kerne formen kann. Am Schluss sieht jeder Hügel aus wie eine Blüte."

6–8 PERSONEN CA. 20 MIN. ZUBEREITUNG CA. 30 MIN. GARZEIT

2 kg große Auberginen
4–5 Knoblauchzehen
250 g griechischer Joghurt
75 g Tahin (Sesampaste)
4 EL Zitronensaft
Salz
50 ml Olivenöl
50 g Walnusskerne
1 Granatapfel
2 TL edelsüßes Paprikapulver

Den Backofen auf 250 °C vorheizen und die Auberginen darin auf einem Backblech auf der mittleren Schiene etwa 30 Minuten backen. Sobald man sie mit einem Zahnstocher glatt durchstechen kann, sind sie gar. Aus dem Ofen nehmen, kurz abkühlen lassen, die Haut abziehen und den Stielansatz entfernen. Das Fruchtfleisch in einem Sieb abtropfen lassen.

Den Knoblauch schälen und in feine Würfel schneiden. Die abgetropften Auberginen mit dem Stabmixer pürieren und mit Joghurt, Tahin, Zitronensaft und Knoblauch vermischen. Das Püree mit Salz würzen und in einer Schale anrichten. Das Olivenöl darüberträufeln.

Die Walnüsse hacken. Die Kerne aus dem Granatapfel lösen. Dazu das untere und obere Ende des Granatapfels abschneiden. Dann den Apfel halbieren und vierteln. Mit einem Löffel auf die Schale klopfen, bis die Kerne herausfallen. Am besten in eine Schüssel mit Wasser fallen lassen, dann kann man die Schalenreste einfach abschöpfen. Die Kerne in ein Sieb abgießen und abtropfen lassen.

Das Auberginenpüree mit dem Paprikapulver bestreuen und mit den Granatapfelkernen und den Walnüssen garnieren. Mit Fladenbrot servieren.

Baba Gannoj

AUBERGINENPÜREE MIT TOMATEN

„Die Mengen von Salz und Zitronensaft in meinen Rezepten sind variabel, je nachdem wie salzig oder wie sauer das Gericht schmecken soll. In Syrien würzen wir gerne herzhaft und intensiv, und geübte Köche würzen sowieso nicht mit der Waage, sondern mit Erfahrung."

8–10 PERSONEN CA. 25 MIN. ZUBEREITUNG CA. 30 MIN. GARZEIT

4 kg große Auberginen
50 g Petersilienblätter
35 g Minzeblätter
50 g Frühlingszwiebeln
400 g Tomaten
5–6 Knoblauchzehen
Salz
ca. 50 ml Zitronensaft
75 ml Granatapfelsirup
100 ml Olivenöl
1 Granatapfel
50 g gehackte Walnüsse

Den Backofen auf 250 °C vorheizen und die Auberginen darin auf einem Backblech auf der mittleren Schiene etwa 30 Minuten backen. Sobald man sie mit einem Zahnstocher glatt durchstechen kann, sind sie gar. Aus dem Ofen nehmen, kurz abkühlen lassen, die Haut abziehen und den Stielansatz entfernen. Das Fruchtfleisch in einem Sieb abtropfen lassen.

Inzwischen die Petersilie und die Minze waschen und trocken schütteln. Die Frühlingszwiebeln putzen, waschen und den weißen Teil mit der Petersilie und der Minze im Mixer klein hacken. Den grünen Teil der Frühlingszwiebeln anderweitig verwenden. Die Tomaten waschen und in kleine Würfel schneiden, dabei die Stielansätze entfernen. Die Tomatenwürfel ggf. noch mal abtropfen lassen und dann mit der Frühlingszwiebelmischung verrühren.

Den Knoblauch schälen und in feine Würfel schneiden. Nachdem das gesamte Wasser aus den Auberginen abgetropft ist, mit dem zerkleinerten Knoblauch, 1 EL Salz, dem Zitronensaft, der Hälfte des Granatapfelsirups sowie der Hälfte des Olivenöls verrühren und die Masse pürieren. Dann eine Hälfte der Tomaten-Frühlingszwiebel-Mischung unterheben.

Alles in einer flachen Schale verstreichen und die zweite Hälfte der Tomatenmischung darüber verteilen. Das restliche Olivenöl langsam darübergießen. Die Kerne aus dem Granatapfel lösen (siehe S. 15) und mit den Walnüssen über das Baba Gannoj streuen. Zuletzt den restlichen Sirup in langen Fäden darüber verteilen. Nach Belieben mit Fladenbrot servieren.

TIPP „Wenn man die Kräuter mit einem Wiege- oder einem scharfen Küchenmesser zerkleinert, hat man mehr Arbeit, aber sie bewahren ihre Frische, und das Gericht schmeckt noch intensiver."

Baba Gannoj

(REZEPT AUF SEITE 16)

„Die Sage um Baba Gannoj geht zurück auf die früheste Geschichte Syriens. Damals – es muss schon im ersten Jahrhundert nach Christi Geburt gewesen sein – lebte in Damaskus ein Geistlicher, ein Baba (Vater), der so wunderbar und freundlich war, dass ihm viele Menschen folgten. Er rief dazu auf, in Frieden miteinander zu leben und nicht zu streiten, denn, und das war eine seiner bekanntesten Weisheiten, wer sich ärgert und zornig wird, mache Fehler.

Eines Tages wollte ihm ein einfacher Mann für seine Güte danken und kochte für ihn ein Essen, das ausschließlich aus dem Gemüse bestand, das er frisch von seinen Feldern direkt vor den Toren der Stadt geerntet hatte. Dem Geistlichen schmeckte es vorzüglich, und er meinte, das Gericht sei so gut, dass man es niemals allein essen sollte. Er trug seinem Gastgeber auf, es in Zukunft mit allen anderen in der Stadt zu teilen.

Der Bauer erzählte die Geschichte weiter, und das Gericht wurde tatsächlich ein beliebtes und in Damaskus allgemein bekanntes Essen. Und da die Menschen ihm einen Namen geben wollten, nannten sie es nach dem Geistlichen: Baba Gannoj.

Damaskus ist bis heute berühmt für seine vortreffliche Zubereitung von Baba Gannoj. Vielleicht passt diese Auberginenspeise mit Tomaten besonders gut zu dieser Stadt, denn sie ist von einem grünen Gürtel umgeben. Er heißt Ruta, wird vom Fluss Barada gestreift und übers Jahr ständig bewässert. Nirgendwo sonst im Land gibt es so schmackhaftes und frisches Gemüse wie in Damaskus. Ruta, der grüne Ring rund um die Stadt, ist ganz von allein entstanden. Er war ein Geschenk Gottes an Syrien und seine Hauptstadt Damaskus.“

Ein Gewürzstand im Souk al-Hamidiya, dem bekanntesten Basar in der Altstadt von Damaskus

Fatteh

HUMMUS MIT GEBACKENEM FLADENBROT

„Musabaha wird auf arabischen oder türkischen Märkten als gewöhnlicher Hummus in Dosen verkauft. Man kann es aber auch nach dem Rezept in diesem Buch selbst herstellen – für Fatteh benötigt man dann nur die halbe Menge der angegebenen Zutaten. Fatteh wird traditionell mit frischen Frühlingszwiebeln und sauren Gurken gegessen. Dazu wird schwarzer Tee gereicht."

6–8 PERSONEN CA. 20 MIN. ZUBEREITUNG CA. 10 MIN. GARZEIT

FÜR DAS DRESSING:
5–6 Knoblauchzehen
200 g Musabaha (Hummus, siehe S. 11 oder Fertigprodukt)
50 g Tahin (Sesampaste)
300 g griechischer Joghurt
50 ml Zitronensaft
Salz

AUSSERDEM:
3 Fladenbrote
300 g gegarte Kichererbsen (aus der Dose)
50 g Nusskerne (nach Wahl)
50 g Butter oder Margarine
gemahlener Kreuzkümmel (Cumin)
edelsüßes Paprikapulver
ca. 2 EL Frühlingszwiebelringe (nach Belieben)

Den Backofen auf 200 °C vorheizen. Für das Dressing den Knoblauch schälen, in kleine Würfel schneiden und mit dem Musabaha, dem Tahin, dem Joghurt, dem Zitronensaft und Salz im Mixer rasch zu einer dickflüssigen Masse verrühren.

Die Fladenbrote in mundgerechte Stücke schneiden und im Ofen auf der mittleren Schiene 10 Minuten backen, dabei mehrfach wenden, damit sie rundum knusprig werden.

Die Kichererbsen in ein Sieb abgießen und abtropfen lassen. In kochendem Wasser kurz erhitzen, dann abgießen und dabei das Wasser auffangen. Die Nüsse klein hacken und in einer Pfanne in der Butter oder Margarine bei schwacher Hitze goldbraun anbraten.

Die Zutaten der Reihe nach in eine ovale, hitzebeständige Schale schichten, dazu die Schale bei schwacher Hitze auf der Herdplatte erwärmen: zuerst die Brotstücke, dann die heißen Kichererbsen sowie ein Glas von dem Wasser, in dem sie erhitzt wurden. Dabei 1 bis 2 EL Kichererbsen zum Garnieren zurückhalten. Schließlich das Dressing darübergießen und die noch heißen Nüsse mit der Butter oder Margarine darübergeben. Mit Kreuzkümmel, Paprika und nach Belieben Frühlingszwiebelringen bestreuen und die restlichen Kichererbsen darauf verteilen.

TIPP „Um die einzelnen Schichten miteinander zu mischen, kann man mit einem stumpfen Messer vorsichtig kleine Löcher in das Gericht bohren. So gelangt das Dressing auch in die unteren Schichten."

Fatteh

(REZEPT AUF SEITE 20)

„Wenn ich an Fatteh denke, steigt in mir die Erinnerung an den gedeckten Frühstückstisch bei uns zu Hause in Damaskus auf. Es ist Freitag, wir konnten ausschlafen, denn an diesem Tag geht es nicht in die Schule oder zur Arbeit, sondern mittags in die Moschee. Der Freitag ist ein Feiertag, so wie hierzulande der Sonntag. Wir versammeln uns zu einem späten Frühstück um den Tisch, meine Mutter bringt die Pfanne mit dem heißen Fett und gießt es über ihr Fatteh. Ein leises Zischen ist zu hören, und der Geruch von warmer Margarine breitet sich im Zimmer aus. Ich sehe die bunten Farben von dem frischen Gemüse, mit dem wir den Hummus gleich essen werden, sehe die erwartungsvollen Gesichter meiner Geschwister, Tanten und Onkel, die mit um den Tisch herum sitzen, die vorfreudigen Blicke meines Vaters oder meiner Großmutter, wenn sie bei uns zu Besuch war. Dazu mischt sich der Geruch von Rosenwasser und Kardamom, die wir dem Tee beigeben. Dieses Bild hat sich mir tief eingeprägt. Es muss eine sehr frühe Erinnerung sein, aus der Zeit, als ich noch klein war, vielleicht drei Jahre alt. Sie ist so alt, dass ich Fatteh kaum essen oder zubereiten kann, ohne an diesen Moment zu denken. Es ist wie ein altbekanntes Foto, das man immer bei sich trägt.

Unsere Essgewohnheiten entsprechen unserer Lebensweise. Wir versammeln uns als Familie um den Esstisch, um uns gegenseitig zu erzählen, wie es uns geht, was wir erlebt haben und wo wir arbeiten. Das gemeinsame Essen erleichtert uns unser Leben. Es hat einerseits den rein pragmatischen Grund, sich gegenseitig zu informieren, andererseits dient es der Orientierung. In den Gesprächen teilen wir uns gegenseitig mit, wie wir in unserer Familie leben und uns gegenüber anderen verhalten. Die Kinder lernen dabei, wie Gemeinschaft funktioniert. Die Zusammenkünfte prägen unsere Identität und unser Zugehörigkeitsgefühl. Beim Essen mit der Familie fühlen wir uns sicher und zu Hause.

Inzwischen haben sich meine Erinnerungen in einen Film verwandelt, der begleitet wird von einem Strom von Tränen. Ich vermisse diese Zusammenkünfte mehr denn je, denn ich weiß, dass sie jetzt nicht möglich sind. Meine Familie ist auf der Flucht. Sie wurde über den ganzen Globus verstreut. Es ist unmöglich geworden, zusammen um einen Tisch zu sitzen, gemeinsam zu essen und zu reden. Wir können uns nur um den Laptop setzen und miteinander skypen."

Chan As'ad Pascha – die größte Karawanserei in Damaskus

Mhammara

PAPRIKAPASTE MIT WALNÜSSEN

„Mhammara wird gerne mit Fladenbrot gereicht. Dazu trinkt man in Syrien arabischen schwarzen Tee – ohne Milch, aber nach Belieben mit viel oder wenig Zucker.“

4–6 PERSONEN CA. 15 MIN. ZUBEREITUNG

100 g getrocknete Paprika (siehe Tipp)
75 g Walnusskerne
3 EL Zitronensaft
50 g Paniermehl
50 g Paprikamark
50 g Tahin (Sesampaste)
25 ml Granatapfelsirup
75 ml Olivenöl
Salz

Die getrockneten Paprika 10 Minuten in 75 ml Wasser einlegen, bis das Wasser aufgesogen ist.

Die Nüsse hacken und mit dem Zitronensaft, dem Paniermehl, dem Paprikamark, dem Tahin, dem Granatapfelsirup und 50 ml Olivenöl vermischen. Mit Salz würzen.

Die Paprika hinzufügen und die Paste in einem Schälchen oder auf einem flachen Teller anrichten. Das restliche Olivenöl darüberträufeln.

TIPP „Getrocknete Paprika bekommen Sie in orientalischen oder mediterranen Lebensmittelgeschäften oder alternativ im Onlinehandel.“

Falafel

FRITTIERTE KICHERERBSENBÄLLCHEN

„Die würzigen Kichererbsenbällchen werden inzwischen weltweit als arabisches Fastfood geliebt und sind in Großstädten an jeder Ecke zu bekommen. Für selbst gemachte Falafel ist hingegen ein wenig Zeit nötig. Um etwas Zeit zu sparen, können Sie die gequollenen Kichererbsen mit allen Zutaten in einer Schüssel zu einer lockeren Masse kneten und dann erst durch den Fleischwolf drehen."

4–6 PERSONEN   CA. 12 STD. QUELLZEIT   CA. 20 MIN. ZUBEREITUNG   CA. 1 STD. RUHEZEIT

FÜR DIE FALAFEL:
300 g getrocknete Kichererbsen
3 EL Korianderblätter
1 kleine Zwiebel
2 Knoblauchzehen
1 TL gemahlener Koriander
½ TL gemahlener Kardamom
1 TL gemahlener Kreuzkümmel (Cumin)
1 TL gemahlener Ingwer
1 TL Natron
Salz
Öl zum Frittieren

FÜR DIE SAUCE:
2–3 Knoblauchzehen
3 EL Tahin (Sesampaste)
300 g griechischer Joghurt
ca. 3 EL Zitronensaft
gemahlener Sumach (nach Belieben)

Am Vortag für die Falafel die Kichererbsen in einen Topf geben, reichlich kochendes Wasser darübergießen und die Hülsenfrüchte mit geschlossenem Deckel über Nacht quellen lassen. Am nächsten Tag das Wasser abgießen und die Kichererbsen durch den Fleischwolf drehen.

Die Korianderblätter waschen, trocken tupfen und fein hacken. Die Zwiebel und den Knoblauch schälen und in feine Würfel schneiden. Alles mit den Gewürzen, dem Natron und 1 TL Salz mischen und dann die Kichererbsenmasse untermischen.

Den so entstandenen Teig unter Zugabe von 100 ml Wasser wieder durch den Fleischwolf drehen. Dann 1 Stunde im Kühlschrank ruhen lassen.

Aus der Masse kleine Bällchen formen. Reichlich Öl in der Fritteuse oder einem Topf erhitzen und die Bällchen darin goldbraun frittieren.

Für die Sauce den Knoblauch schälen und in feine Würfel schneiden. Mit Tahin, Joghurt und Zitronensaft verrühren. Die Sauce über die Falafel gießen oder getrennt dazu reichen. Nach Belieben Sumach darüberstreuen.

TIPP „Der syrische oder arabische Joghurt ist reichhaltig und dickflüssig. In Deutschland findet man ihn unter den Bezeichnungen türkischer oder griechischer Joghurt. Wichtig für meine Rezepte ist, dass der Joghurt möglichst keinerlei Flüssigkeit enthält."

Batata Hara

KARTOFFELN MIT CHILI

4 PERSONEN   CA. 30 MIN. ZUBEREITUNG

1 kg festkochende Kartoffeln
Sonnenblumenöl zum Frittieren
2–3 Knoblauchzehen
4 EL Olivenöl
je 1 EL gemahlener Koriander, edelsüßes Paprikapulver und Chilipulver
50 g Koriandergrün

Die Kartoffeln schälen, waschen und in 4 cm große Würfel schneiden. Reichlich Sonnenblumenöl in der Fritteuse oder in einem Topf erhitzen und die Kartoffelwürfel darin goldgelb frittieren. Herausheben und auf Küchenpapier sorgfältig abtropfen lassen.

Den Knoblauch schälen, in feine Würfel schneiden und kurz in Olivenöl anbraten. Sobald es nach Knoblauch duftet, die Hitze reduzieren und den gemahlenen Koriander hinzufügen. Der Knoblauch darf nicht knusprig werden, sonst schmeckt er bitter.

Die frittierten Kartoffeln dazugeben und mit Paprika- und Chilipulver würzen. Das Koriandergrün waschen und trocken schütteln, die Blätter abzupfen, ggf. fein hacken und untermischen.

TIPP „Batata Hara eignet sich gut als schmackhafte Vorspeise und Appetitanreger. Man kann das Gericht, je nach persönlichem Geschmack, scharf oder weniger scharf würzen. Und wer kein Fan von Koriander ist, lässt ihn einfach weg."

Salate und kleine Gerichte

Yalanji

GEFÜLLTE WEINBLÄTTER

„In Syrien haben wir die Weinblätter oft direkt vom Bauernhof gekauft. Zu Hause angekommen, hat meine Mutter sie eine halbe Stunde in Wasser gekocht. Dann waren sie weich wie ein Tuch und ließen sich gut verarbeiten. In Salz, Zitrone und Wasser eingelegt, wie man sie auf dem Markt bekommt, werden sie nur, damit sie länger halten."

CA. 50 STÜCK CA. 1 STD. ZUBEREITUNG 2–3 STD. GARZEIT

200 g runder Reis (Milchreis)
50 g Petersilie
50 g Minze
2–3 Knoblauchzehen
1 Zwiebel
150 g Tomaten
Salz
ca. 1 TL Pfeffer aus der Mühle
ca. 1½ TL Zimtpulver
1 TL gemahlener Kardamom
ca. 150 ml Zitronensaft
100 ml Olivenöl
500 g Weinblätter (ca. 50 Stück)
1 große Kartoffel (in Scheiben)
50 ml Granatapfelsirup

Den Reis in ½ l heißem Wasser 15 Minuten quellen lassen. Das Wasser abgießen. Petersilie und Minze waschen und trocken schütteln, Blätter abzupfen und fein hacken. Knoblauch und Zwiebel schälen und in feine Würfel schneiden. Tomaten waschen und klein schneiden, dabei die Stielansätze entfernen. Den austretenden Saft aufbewahren.

Kräuter, Knoblauch, Zwiebel, Tomaten und -saft mit den Händen mit dem gequollenen Reis mischen. Bevor man Salz hinzugibt, sollte man die Weinblätter probieren: Sollten sie überaus salzig sein, kann man die Füllung weniger stark würzen. Die Füllung mit Salz, Pfeffer, Zimt und Kardamom würzen. 75 ml Zitronensaft und 50 ml Olivenöl untermischen. Die Füllung in ein Sieb geben und sorgfältig abtropfen lassen.

Dann die Weinblätter befüllen: 1 Blatt glatt auf den Tisch legen und etwas von der Füllung auf die Stelle legen, wo der Stiel in das Blatt übergeht. Beide Seiten über der Füllung einschlagen und das Blatt aufrollen. Wichtig ist, nicht zu viel Füllung pro Blatt zu verwenden.

Kartoffelscheiben in einen großen Kochtopf legen und die Weinblattpäckchen daraufschichten. Mit reichlich Wasser, restlichem Zitronensaft, übrigem Öl sowie der Sauce aufgießen, die aus der Füllung herausgeflossen ist. Röllchen mit einem schweren Gegenstand beschweren (z. B. mit einem flachen Teller), damit sie nicht nach oben wegschwimmen. Die Kartoffelscheiben sorgen dafür, dass die Röllchen nicht anbrennen.

Den Sud aufkochen, die Temperatur reduzieren und die Weinblätter zugedeckt 2 bis 3 Stunden garen. 20 Minuten vor Ende der Garzeit den Sirup hinzufügen. Den Deckel abnehmen, den Teller herausheben, die Weinblätter mit der Schöpfkelle vorsichtig aus dem Sud heben und auf einer Platte anrichten. Der Sud kann wie Brühe dazu getrunken werden.

Yalanji

(REZEPT AUF SEITE 33)

„Yalanji ist ein Gericht, das traditionell zur Hochzeit gereicht wird. Es ist das Hauptgericht und darf bei diesem Fest nicht fehlen – alle müssen davon satt werden. Nun muss man bedenken, dass eine Hochzeit in Syrien eine große Sache ist. Alle Verwandten werden eingeladen, alle Nachbarn, die Familien sind zahlreich und pflegen einen engen Zusammenhalt. Es kommen mindestens 100 Gäste. Und ausgerechnet zu diesem Fest reicht man traditionell gefüllte Weinblätter, die aufwendig hergestellt und dann mit einem Happen verzehrt werden. Die Vorbereitungen dauern viele Stunden, für 100 Personen muss man mindestens zwei Kilo Reis kochen und man braucht fast einen ganzen Tag. Wie groß muss die Liebe sein, die man für das Hochzeitspaar empfindet!

Wenn ich an die vielen Mütter, Großmütter und Tanten denke, die schon um den Küchentisch gesessen haben, um die Berge von Weinblättern und Reis zu verarbeiten, die für eine Hochzeit nötig sind, wird mir deutlich, dass den Kindern meines Landes nur Gutes beigebracht wird. Sie sollen fleißig sein, anständig und erfolgreich werden. Dazu werden sie ermahnt und aufgerufen.

Eigentlich waren wir immer ein friedliches Land, ein Land, in dem die Mütter und Großmütter um den Küchentisch saßen und Stunden um Stunden Weinblätter rollten, weil sich zwei Menschen aus ihrer weitläufigen Verwandtschaft entschlossen hatten zu heiraten."

Traditionell gekleidete Tänzer bei einem Fest in Aleppo

Die Wasserschöpfräder aus Holz sind das Wahrzeichen der Stadt Hama

Tabouleh

PETERSILIENSALAT

„Ich dekoriere mein Tabouleh gerne mit vier schmalen, langen Salatblättern, z. B. mit Romanasalat, die ich an der Seite mit in die Schüssel hineinlege. Es sieht hübsch aus, außerdem kann man die grünen Blätter als Löffel verwenden. Durch seine Konsistenz gibt der Bulgur dem Tabouleh Biss und Struktur."

4 PERSONEN   CA. 20 MIN. ZUBEREITUNG

50 g weicher Bulgur
100 g Petersilie
30 g Minze
100 g Weißkohl
200 g Tomaten
75 ml Zitronensaft
150 ml Olivenöl
Salz
Pfeffer aus der Mühle
10 g gemahlener Sumach

Den Bulgur in 50 ml lauwarmem Wasser so lange quellen lassen, bis die Flüssigkeit vollständig aufgesogen ist.

Die Petersilie und die Minze waschen und trocken schütteln, die Blätter abzupfen und mit dem Wiegemesser fein hacken. Vom Weißkohl ggf. die äußeren Blätter entfernen und den Kohl klein schneiden. Die Tomaten waschen und in Würfel schneiden, dabei die Stielansätze entfernen.

Petersilie, Minze, Weißkohl und Tomaten mit dem Bulgur in einer Schüssel mischen. Tabouleh mit Zitronensaft, Olivenöl, Salz, Pfeffer und Sumach würzen.

Tabouleh

(REZEPT AUF SEITE 36)

„Der Petersiliensalat Tabouleh ist ein fester Bestandteil der Kultur meines Landes, denn seine Zubereitung ist eng mit Geburtstagen verbunden. Wann immer ich in die Küche kam und sah, dass meine Mutter oder meine Großmutter Tabouleh vorbereiteten, war meine erste Frage: Wer hat heute Geburtstag?

Tabouleh ist nicht einfach nur Salat. Er erinnert uns daran, wie viele Menschen bei uns im Jahr Geburtstag haben, wie viele Menschen sich um diejenigen sorgen, die Geburtstag haben. Schon der Geruch von geschnittener Petersilie weist einem den Weg zu einem großen Fest. Er ist ein untrüglicher Beweis dafür, dass man bald am Ziel ist. Auch beim Duft von gepressten Zitronen weiß ein jeder, dass ein Geburtstag ins Haus steht."

*Qalaat Jaabar,
die Burg am linken Ufer des Assad-Stausees*

Jarjeer

RUCOLASALAT AUF ARABISCHE ART

„In Syrien verwenden wir für dieses Gericht ausschließlich syrischen Käse. Er stammt aus Hama und wird in einem aufwendigen Verfahren zubereitet. Da meine Mutter aus Hama kommt, beherrscht sie die Technik hervorragend. Und so funktioniert sie: Weißer Käse wird in Wasser erhitzt und dann mit den Händen zu langen Bändern geformt, die dann, wenn sie hinreichend gedehnt und gezogen wurden, wiederum so lange ineinander verwoben und verflochten werden, bis sie die Form eines Knotens oder eines Zopfes haben. Es sind richtige kleine Kunstwerke. Meine Mutter stellte sie für unseren familiären Hausgebrauch her, man kann diesen Käse aber auch fertig zubereitet auf dem Markt oder im Laden kaufen. Er hat eine feste Konsistenz und bleibt schneeweiß. Ich zerteile ihn in Würfel und streue ihn über meinen Jarjeer. Es schmeckt wunderbar, ein typischer Geschmack meiner Heimat."

4 PERSONEN CA. 15 MIN. ZUBEREITUNG

200 g Rucola
50 g Maiskörner (aus der Dose)
75 g Pilze (z.B. Champignons)
50 g schwarze Oliven (ohne Stein)
2 Knoblauchzehen
ca. 3 EL Zitronensaft
ca. 3 EL Olivenöl
20 g edelsüßes Paprikapulver
Salz
25 g gemahlener Sumach
5 g gemahlener Kreuzkümmel (Cumin)
75 g Käse (am Stück; z.B. Parmesan)
50 g gehackte Walnüsse

Den Rucola verlesen, waschen, trocken schleudern und in mundgerechte Stücke zupfen, dabei grobe Stiele entfernen. Den Mais in ein Sieb abgießen, abbrausen und abtropfen lassen. Die Pilze putzen und wie die Oliven klein schneiden. Beides mit dem Rucola und dem Mais in einer Schüssel vermengen.

Für das Dressing den Knoblauch schälen und in feine Würfel schneiden. Mit Zitronensaft, Olivenöl, Paprikapulver, Salz, Sumach und Kreuzkümmel vermischen.

Den Käse reiben, hobeln oder würfeln. Das Dressing über den Salat geben, den Käse und die Nüsse darüberstreuen.

TIPP „Ich füge der Sauce auch gerne Balsamico und Granatapfelsirup hinzu, jeweils 1 bis 2 EL. Dann schmeckt mein Jarjeer ein wenig fruchtiger."

Schamandar

ROTE-BETE-SALAT

4 PERSONEN CA. 20 MIN. ZUBEREITUNG

200 g Rote Bete
50 g Romanasalat
1 Apfel
2–3 Knoblauchzehen
1 große Zwiebel
4 EL Olivenöl
4 EL Zitronensaft
Salz
40 g gehackte Walnüsse

Die Rote Bete schälen und in kleine Würfel schneiden. Den Salat putzen, waschen, trocken schleudern und in mundgerechte Stücke zupfen. Den Apfel vierteln, schälen, entkernen und in kleine Würfel schneiden. Mit der Roten Bete und dem Salat in einer Schüssel mischen.

Für das Dressing den Knoblauch und die Zwiebel schälen und in feine Würfel schneiden. Beides mit Olivenöl, Zitronensaft und Salz vermischen. Das Dressing unter den Rote-Bete-Salat mischen und die Walnüsse darüberstreuen.

TIPP „Ich hacke die Walnüsse von Hand und achte darauf, dass die einzelnen Stücke nicht zu klein werden. Dann bleibt nicht nur der Geschmack der Walnuss erhalten, sondern auch ein wenig von ihrer ursprünglichen Form."

Foul Mdamas

BOHNEN-TOMATEN-SALAT

„Mein Foul Mdamas serviere ich mit Fladenbrot oder einer großen Zwiebel. Um mundgerechte Stücke zu erhalten, wird die Zwiebel geviertelt, in eine Schale mit kaltem Wasser gelegt und auf den Tisch gestellt. Es ist praktisch und sieht überdies hübsch aus. Die Zwiebel entfaltet ihre einzelnen Schichten wie eine Seerose ihre Blütenblätter."

4 PERSONEN CA. 20 MIN. ZUBEREITUNG

200 g Tomaten
50 g Frühlingszwiebeln
20 g Minze
100 g Petersilie
5–6 Knoblauchzehen
600 g Dicke Bohnen (aus der Dose)
Salz
ca. 1 EL gemahlener Kreuzkümmel (Cumin)
1 EL edelsüßes Paprikapulver
50–75 ml Zitronensaft
75 ml Olivenöl

Die Tomaten waschen und klein schneiden, dabei die Stielansätze entfernen. Die Frühlingszwiebeln putzen, waschen und den weißen Teil klein schneiden, den grünen Teil anderweitig verwenden. Minze und Petersilie waschen und trocken schütteln, die Blätter abzupfen und fein hacken.

Den Knoblauch schälen und in feine Würfel schneiden. Die Dicken Bohnen in ein Sieb abgießen, kalt abschrecken und gut abtropfen lassen.

Tomaten, Frühlingszwiebeln, Minze, Petersilie und Knoblauch mit Salz, Kreuzkümmel, Paprikapulver, Zitronensaft und Olivenöl vermischen. Die Dicken Bohnen unterheben.

TIPP „Wer möchte, kann noch 200 g Naturjoghurt und 75 ml Sesamöl hinzufügen. Das sorgt für eine besonders cremige Konsistenz."

Foul Mdamas

(REZEPT AUF SEITE 45)

„Foul Mdamas erinnert mich an das Lachen des Morgens, das Lächeln der Arbeiter, die früh zur Arbeit gehen. Es ist ein sehr nahrhaftes Gericht, das gerne zum Frühstück gegessen wird, wenn man einen langen, arbeitsreichen Tag vor sich hat. Man muss nur anschließend viel Minze essen, damit man keinen Mundgeruch hat.

Foul Mdamas erinnert mich auch an Mohiuddin, die Gegend, in der ich in Damaskus gewohnt habe, denn der Bohnensalat ist nicht nur ein kräftigendes Gericht, sondern auch eine echte Spezialität, und unser Haus stand in der Nähe eines Marktes, der in ganz Syrien für diese Spezialität bekannt war: Booz Al Jeedi. Das heißt so viel wie ‚Schafsnase, Schafsmaul'. Wer in Damaskus tagsüber Foul Mdamas essen wollte, ging zum Booz Al Jeedi. Abends besuchte man eher das Viertel Al Midaan. Auch dort bekam man ausgezeichneten Foul.

Es gibt aber auch eine Geschichte, die nicht unbedingt für den Verzehr von Foul Mdamas spricht. Einmal saß ich in der Schule und schwätzte während des Unterrichts mit meiner Freundin. Die Lehrerin stellte uns eine Frage und rief mich auf, doch ich hatte nicht zugehört und konnte sie daher nicht beantworten. Die Lehrerin wurde ärgerlich und fragte mich, ob ich zum Frühstück etwa Foul Mdamas gegessen hätte. Ich schüttelte den Kopf und antwortete, nein, es habe Käse gegeben. Die Klasse brach in schallendes Gelächter aus. Selbst die Lehrerin musste lächeln. Wer zu viel Foul Mdamas isst, heißt es in Syrien, der wird dumm."

Fattosh

(REZEPT AUF SEITE 48)

„Wenn ich Fattosh zubereite, denke ich an Ramadan und das Böllern einer alten Kanone, denn der Salat mit dem gerösteten Fladenbrot ist eine typische Fastenspeise und das Böllern das traditionelle Signal für den Sonnenuntergang. Während wir auf diese Kanonenschüsse warteten, saßen wir zu Hause in Damaskus um den gedeckten Tisch, hatten den ganzen Tag gefastet und waren furchtbar hungrig. Sobald die Kanone zu hören war, durften wir mit dem Essen beginnen. Und unzählige andere Familien in der Stadt saßen wie wir in diesem Moment um den Esstisch und horchten auf das Signal. Wir alle warteten gemeinsam. Und dann gab es Fattosh.

Jede Familie in meinem Land hat ihre eigene Geschichte dazu, jeder hat seine persönliche Art, diesen Salat zuzubereiten. Die Zutaten, die Auswahl der Gemüsesorten, die man dabei verwendet, sind variabel. Wichtig ist nur, dass der Inhalt der Schüssel am Ende so aussieht wie ein Gemälde, ein Bild voller verschiedener Farben und Aromen. Mich erinnert der Geruch dieses Salats an die Hände meiner Mutter. Wenn ich ihn esse, wird mir warm ums Herz. Viele aus der Familie, auch die Kinder, helfen der Mutter bei der Vorbereitung all der Speisen, die erst nach Sonnenuntergang gegessen werden dürfen und die nicht frisch zubereitet werden müssen. Hatten wir Kinder geholfen, legten wir uns hin und schliefen, bis wir abends zum Essen geweckt wurden. Auch unsere Mutter ruhte sich aus. Sie stand aber eine Stunde früher auf und widmete sich dem Fattosh. Der Salat kam allein aus den Händen meiner Mutter."

Fattosh

SALAT MIT GERÖSTETEM PITABROT

„Für meine Salatgerichte verwende ich immer arabischen Salat, auch Romana genannt. Er ist ein wenig fester als der gewöhnliche Blattsalat und wegen seiner länglichen Form gut und schnell zu verarbeiten."

4 PERSONEN CA. 25 MIN. ZUBEREITUNG

200 g Romanasalat
75 g Salatgurke
100 g Tomaten
20 g Zwiebel
25 g Petersilie
20 g Minze
10 g Thymian
2–3 Knoblauchzehen
50 ml Zitronensaft
Salz
1 EL edelsüßes Paprikapulver
1 EL gemahlener Sumach
75 ml Granatapfelsirup
75 ml Olivenöl
75 g Pitabrot
Sonnenblumenöl zum Braten
Granatapfelkerne (nach Belieben)

Den Salat putzen, waschen, trocken schleudern und in mundgerechte Stücke zupfen. Die Gurke schälen, längs halbieren und nach Belieben die Kerne mit einem Teelöffel entfernen. Die Gurkenhälften in mittelgroße Stücke schneiden. Die Tomaten waschen und klein schneiden, dabei die Stielansätze entfernen. Die Zwiebel schälen und in feine Würfel schneiden. Salat, Gurke, Tomaten und Zwiebel in einer Schüssel vermischen.

Die Petersilie, die Minze und den Thymian waschen und trocken schütteln, die Blätter abzupfen und fein hacken. Den Knoblauch schälen und durch die Presse drücken. Kräuter, Knoblauch, Zitronensaft, Salz, Paprikapulver, Sumach, 50 ml Granatapfelsirup und Olivenöl zu einer Sauce verrühren und unter den Salat heben.

Das Brot in kleine Quadrate oder längliche Streifen schneiden, in etwas Öl in einer Pfanne goldbraun braten und dann über dem Salat verteilen. Den restlichen Granatapfelsirup darüberträufeln und den Salat nach Belieben mit Granatapfelkernen bestreuen.

Shoubeh Addas

SCHARFSAURE LINSENSUPPE

6 PERSONEN CA. 15 MIN. ZUBEREITUNG CA. 40 MIN. GARZEIT

1 Zwiebel
500 g rote Linsen
2 EL Öl
1 EL Pfeffer aus der Mühle
1 TL frisch geriebene Muskatnuss
1 TL Baharat-Gewürz
etwas Zitronensaft
1 EL Paprikamark
Salz
1 Fladenbrot
Sonnenblumenöl zum Frittieren

Die Zwiebel schälen. Eine Hälfte in feine Würfel schneiden und mit den Linsen kurz in Öl andünsten. Dann 1½ l heißes Wasser aufgießen und die zweite Hälfte der Zwiebel dazugeben. Kurz aufkochen und bei mittlerer Hitze etwa 30 Minuten garen lassen.

Den Pfeffer, die Muskatnuss, das Baharat-Gewürz, den Zitronensaft und das Paprikamark hinzufügen, alles pürieren und mit Salz würzen.

Das Fladenbrot in kleine Stücke schneiden. Das Öl in der Fritteuse oder in einem hohen Topf erhitzen und die Fladenbrotstücke darin goldbraun frittieren.

Die Linsensuppe in Tellern oder Schälchen anrichten und mit dem Fladenbrot servieren.

Sambose

FRITTIERTE KÄSETASCHEN MIT PETERSILIE

„Sambose sind frittierte Taschen aus einem speziellen Teig, den man fertig abgepackt in arabischen Läden oder auf dem türkischen Markt erhält. Den Teig selbst zuzubereiten, ist sehr aufwendig. Aus einer Packung Teig erhält man etwa 20 Teigtaschen. Sambose werden gerne mit arabischem Tee serviert.“

CA. 20 STÜCK   CA. 20 MIN. ZUBEREITUNG

200 g Akawi (siehe Tipp und S. 174)
75 g Mozzarella
50 g Petersilie
1 Ei
20 g Butter
1 Paket Sambose-Teig (siehe oben)
1 Eigelb
schwarze Sesamsamen zum Bestreuen (nach Belieben)
Sonnenblumenöl zum Frittieren

Für die Füllung die beiden Käsesorten zerkleinern. Die Petersilie waschen und trocken schütteln, die Blätter abzupfen und fein hacken. Alles mit dem Ei und der Butter zu einer festen Masse vermischen.

Dann den Teig ausrollen und Dreiecke herausschneiden. Ein wenig Füllung auf das jeweils breitere Ende legen und den Teig aufrollen. Die Spitze mit 1 Tupfen verquirltem Eigelb verschließen. Nach Belieben mit Sesam bestreuen.

Das Öl in der Fritteuse oder in einem hohen Topf erhitzen und die Käsetaschen darin portionsweise goldbraun frittieren. Herausheben und auf Küchenpapier abtropfen lassen.

TIPP „Akawi ist ein Salzlakenkäse, der vor allem aus Kuhmilch, seltener aus Schafs- oder Ziegenmilch hergestellt wird. In Farbe und Konsistenz ähnelt er dem griechischen Feta, den Sie für dieses Gericht auch ersatzweise verwenden können.“

Mhammara auf Aleppo-Art

MIT PAPRIKAPASTE GEFÜLLTE TORTILLAS

„Tortillas sind eher aus der mexikanischen Küche bekannt, doch man kann sie auch auf dem türkischen Markt kaufen. Jede Packung enthält vier bis sechs Stück, und die einzelnen Tortillas sind etwa so groß wie Pfannkuchen.“

4 PERSONEN   CA. 10 MIN. ZUBEREITUNG   CA. 35 MIN. GARZEIT

1 kleine Zwiebel
3 EL Olivenöl
2 EL Tomatenmark
2 EL Paprikamark
1 TL gemahlener Kreuzkümmel (Cumin)
1 TL gemahlener Koriander
Salz
½ TL weißer Pfeffer aus der Mühle
1 EL Granatapfelsirup
2 TL schwarze Sesamsamen
4 Weizentortillas (Fertigprodukt)

Die Zwiebel schälen, in feine Würfel schneiden und in einer Pfanne kurz im Olivenöl andünsten. Nacheinander Tomaten- und Paprikamark hinzufügen und je 2 Minuten weitergaren. Mit Kreuzkümmel, Koriander, etwa 1 TL Salz und Pfeffer würzen und alles 30 Minuten köcheln lassen. Dann von der Herdplatte ziehen und den Granatapfelsirup sowie die Sesamsamen untermischen.

Jeweils 1 Tortilla kurz in einer Pfanne erwärmen. Ein Viertel der Füllung auf einer Hälfte der Tortilla verstreichen und die andere Hälfte darüberklappen. Sobald die Tortilla-Unterseite braun gebacken ist, Tortilla wenden und auf der anderen Seite bräunen.

TIPP „Man kann die Füllung auch mit Käse anreichern. Dazu streut man ein wenig Mozzarella oder Emmentaler über die Paste, bevor man die Tortilla in der Pfanne zuklappt. Wem das Paprikamark zu intensiv schmeckt, verwendet nur 1 EL davon.“

Harrah Esbao

LINSEN MIT NUDELN

„Harrah Esbao ist ein sehr altes Gericht, das eigentlich nicht mit Nudeln zubereitet wird, denn sie sind kein Bestandteil der syrischen Küche. Ich verwende immer den traditionellen Teig, doch er wird in einem hoch komplizierten Verfahren zubereitet und in unterschiedlichen Stufen gegart. Das ist den jungen Frauen in meiner Heimat heutzutage viel zu aufwendig. Sie ignorieren das alte Rezept, und auch Sie möchte ich damit nicht langweilen. Nudeln gibt es hierzulande in einer derart reichen Auswahl, und es geht damit so viel einfacher."

4 PERSONEN   CA. 40 MIN. ZUBEREITUNG

FÜR DIE LINSEN:
400 g Nudeln (z.B. Farfalle)
Salz
150 g rote Linsen
100 ml Zitronensaft
3 EL Granatapfelsirup
200 g Zwiebeln
75 ml Olivenöl
ca. 40 g Koriandergrün
2–3 Knoblauchzehen

AUSSERDEM:
1 Fladenbrot
2 EL Sonnenblumenöl
2 EL Granatapfelkerne

Für die Linsen die Nudeln in reichlich kochendem Salzwasser nach Packungsanweisung bissfest garen. Die Linsen ebenfalls in ausreichend Wasser köcheln lassen, bis sie gar sind. Sie sollen dabei nicht so stark quellen, dass vom Kochwasser am Ende nichts übrig bleibt. Die Nudeln in ein Sieb abgießen und zu den Linsen in den Topf geben. Mit Zitronensaft und Granatapfelsirup mischen und mit Salz würzen.

Die Zwiebeln schälen, in Scheiben schneiden und in einer Pfanne in Olivenöl auf beiden Seiten goldbraun braten. Etwas mehr als die Hälfte der Zwiebeln samt Olivenöl zu den Linsen und Nudeln geben. Den Koriander waschen und trocken schütteln, die Blätter abzupfen und klein schneiden. Den Knoblauch schälen und in feine Würfel schneiden. Beides in einer zweiten Pfanne anbraten, mehr als die Hälfte zu den Linsen und Nudeln geben und alles 5 Minuten köcheln lassen. Dann das Gericht in einer flachen Schüssel anrichten.

Die restlichen Zwiebeln so lange braten, bis sie knusprig sind. Ebenso den übrigen Koriander und Knoblauch kurz weiterbraten – der Koriander darf dabei nicht sein frisches Grün verlieren. Das Fladenbrot in mundgerechte Stücke schneiden und diese in Sonnenblumenöl anbraten, bis sie goldbraun sind.

Das Linsen-Nudel-Gericht auf Teller verteilen und mit den gebratenen Zwiebeln, dem Koriander, dem Knoblauch und den Granatapfelkernen garnieren. Die Fladenbrotstücke daneben anrichten.

Harrah Esbao

(REZEPT AUF SEITE 56)

„Harrah Esbao ist ein originär damaszenisches Gericht. Es schmeckt so gut, dass jeder im Land immer gleich wissen möchte, wie man es zubereitet hat. Doch wer nicht aus Damaskus stammt, hat keine Chance, dass es ihm wirklich gelingt. An seinem Harrah Esbao wird man erkennen, dass er nicht von dort kommt.

Harrah Esbao ist meine Lieblingsvorspeise. Sie ist ein fester Bestandteil unsere Feste. Es gibt keine Geburtstagsfeier ohne das altbekannte Linsengericht. Es ist wie die Kerze auf dem Kuchen: Wenn sie vergessen wurde, war es kein richtiger Geburtstag. Jeder Mensch aus Damaskus braucht dieses Gericht, um anschließend das Gefühl zu haben, er sei auf einem richtigen Fest gewesen.

Auf Deutsch heißt Harrah Esbao ‚Verbrannte Finger'. Warum haben wir es so genannt? Es gibt dazu zwei Geschichten: Die eine besagt, ein Mann sei zum Essen nach Hause gekommen, und seine Frau habe ihm Harrah Esbao bereitet. Der Mann war sehr müde und erschöpft, und als er das köstliche Linsengericht roch, wurde er so hungrig, dass er mit bloßen Fingern in den Topf griff und davon naschte. Dabei verbrannte er sich die Finger. Sein Sohn kam hinzu und fragte die Mutter, was sie gekocht habe. Die Mutter dachte, er wolle wissen, was seinem Vater zugestoßen sei, da er mit schmerzverzerrtem Gesicht neben dem Herd stand, und sie antwortete: ‚Verbrannte Finger'.

Das kann allerdings nur eine Legende sein, denn in Syrien essen wir nie mit bloßen Fingern, sondern benutzen immer Gabel und Messer. Vielleicht rührt der Name eher daher, dass wir die Zutaten rasch hintereinander vorbereiten müssen. Kaum haben wir die Zwiebeln angebraten, müssen sie schon wieder aus der Pfanne raus, damit sie nicht zu knusprig werden. Auch Knoblauch und Koriander dürfen nur kurz im Fett braten, damit der Knoblauch nicht bitter wird und der Koriander sein frisches Grün behält. Dabei kann man sich schon mal die Finger verbrennen.

Aber auch das ist sicher eine Legende, denn wir kochen nicht mit den Fingern. Ich glaube, der Name zeigt einfach, dass wir unseren Gerichten gerne lustige Namen geben, denn die Syrer sind fröhliche Menschen und lachen viel. Sogar jetzt im Krieg versuchen wir zu scherzen, denn wir haben uns viel zu sehr an das Freudige im Leben gewöhnt.

Für unsere Speisen wählen wir Bezeichnungen, die ihnen einen magischen Klang geben und sie attraktiv machen. Denn wir wollen, dass möglichst viele Menschen davon probieren, besonders die Fremden, unsere Gäste und Besucher. Wenn sie unser Harrah Esbao erst einmal gegessen haben, werden sie so begeistert sein, dass ihnen schon selbst ein Grund für diesen Namen einfällt."

Kibbeh Alfaker

(REZEPT AUF SEITE 61)

„Kibbeh Alfaker wird wegen seiner einfachen Zutaten auch ‚Kibbeh für Arme' genannt, dabei ist es bei den Reichen fast noch beliebter als die anderen Sorten, denn es ist ähnlich nahrhaft, enthält aber kein Fleisch. Kibbeh Alfaker ist gesund, schmeckt ausgezeichnet und hat besonders in ländlichen Gegenden weite Verbreitung gefunden. In den letzten Jahren vor dem Krieg bekam man es aber auch in den teuersten Restaurants Syriens serviert. Es ist eine richtige Spezialität geworden."

Kibbeh Alfaker

BULGUR-KARTOFFEL-NOCKEN

„Jede Sorte Bulgur bedarf ihrer eigenen spezifischen Menge Wasser. Bei der Zubereitung hat man daher großen Spielraum, und meine Wasserangaben sind nicht sklavisch zu befolgen. Man braucht allerdings auch ein wenig Erfahrung. Wichtig ist bei der Bereitung von Kibbeh Alfaker, dass der fertig gequollene Bulgur so weich ist, dass man ihn gut mit den Kartoffeln vermischen kann."

4 PERSONEN CA. 15 MIN. ZUBEREITUNG CA. 15 MIN. QUELLZEIT CA. 40 MIN. GARZEIT

350 g weicher Bulgur
400 g mehligkochende Kartoffeln
Salz
75 g Zwiebeln
100 ml Olivenöl
gemahlener Kreuzkümmel (Cumin)
edelsüßes Paprikapulver

Den Bulgur mit etwa 350 ml warmem Wasser übergießen und so lange quellen lassen, bis das Wasser vollständig aufgesogen ist. Inzwischen die Kartoffeln schälen, waschen, in Salzwasser weich garen und pürieren.

Die Zwiebeln schälen, in feine Würfel schneiden und in einer Pfanne in etwa 7 EL Olivenöl anbraten. Den Bulgur, das Kartoffelpüree und die Zwiebeln mischen, bis eine feste Masse entsteht. Diese mit Salz, Kreuzkümmel und Paprikapulver würzig abschmecken.

Etwas Bulgur-Kartoffel-Masse in die Hand nehmen und diese einmal kurz zur Faust schließen. Die Hand wieder öffnen und die so entstandene Nocke auf eine Servierplatte legen. Wichtig ist, dass der Abdruck der Finger zu sehen ist. Mit dem restlichen Teig ebenso verfahren.

Vor dem Servieren das restliche Olivenöl über die Nocken träufeln. Zum Garnieren eignet sich Granatapfelsirup, etwas Paprikamark oder Chilipulver.

Kibbeh Nayeh

BULGUR MIT LAMM

„Man kann die Zutaten auch miteinander mischen, indem man sie püriert. Wichtig ist es, Lammfleisch bester Qualität zu verwenden, es darf keinerlei Sehnen enthalten. Idealerweise nehmen Sie Fleisch aus der Schulter."

4 PERSONEN   CA. 20 MIN. ZUBEREITUNG   CA. 15 MIN. QUELLZEIT

200 g weicher Bulgur
25 g Zwiebel
1 rote Chilischote
15 g getrocknete Rosenblätter
400 g Lammhackfleisch
2 TL getrockneter Majoran
2 TL gemahlener Kreuzkümmel (Cumin)
2 TL gemahlener Piment
Salz
75 ml Olivenöl
50 g gehackte Walnüsse
2 EL Paprikamark

Den Bulgur mit etwa 300 ml warmem Wasser übergießen und so lange quellen lassen, bis das Wasser vollständig aufgesogen ist. Die Zwiebel schälen und in feine Würfel schneiden. Die Chilischote waschen, längs halbieren und fein hacken, nach Belieben die Kerne entfernen. Die Rosenblätter in Wasser lösen und zwischen den Fingern zu einem zarten Brei zerdrücken.

Hackfleisch mit Zwiebel, Chili, Majoran, Kreuzkümmel, Piment und den Rosenblättern mischen. Zum Schluss den Bulgur dazugeben und alles mit den Händen verkneten. Die Masse mit Salz würzen.

Die Lamm-Kibbeh in einer Schüssel anrichten und mit Olivenöl übergießen. Die Walnüsse darüberstreuen und das Paprikamark als einen kräftigen roten Punkt in die Mitte setzen.

TIPP „Dieses Gericht ist nicht lange haltbar. Da rohes Fleisch verwendet wird, muss es frisch zubereitet und am selben Tag gegessen werden. Ich würze es nur wenig, denn ich verwende nur das beste Fleisch. Das merkt man nicht nur bei der Zubereitung, sondern man schmeckt es auch."

Vegetarische Haupt-speisen

Bamyeh

OKRAGEMÜSE MIT KORIANDER

„Bei uns in Syrien wird dieses Okrarezept mit Fleisch zubereitet, doch mir schmeckt es ohne besser. Außerdem möchte ich, dass alle meine Gäste davon essen können, auch Vegetarier."

4 PERSONEN   CA. 24 STD. TROCKENZEIT   CA. 10 MIN. ZUBEREITUNG   CA. 40 MIN. GARZEIT

500 g Okraschoten
1 Knoblauchknolle
10 g gemahlener Koriander
50 ml Sonnenblumenöl
60 g Tomatenmark
25 g Butter
Salz
Pfeffer aus der Mühle
½ TL Zimtpulver
500 g Tomaten
1 Bund Koriandergrün
3 EL Zitronensaft
gegarter Reis zum Servieren (nach Belieben)

Am Vortag die Okraschoten waschen, die Stängel abschneiden und die Schoten dann auf einem Tablett einen Tag lang in der Sonne stehen lassen. Vor der Zubereitung sollten die Schoten ein wenig austrocknen.

Am nächsten Tag die Knoblauchknolle zerteilen, die einzelnen Zehen schälen, aber ganz lassen. Knoblauch mit gemahlenem Koriander in einer Pfanne in Öl kurz anbraten. Dann die Okraschoten hinzufügen und 5 bis 6 Minuten braten. Das Gemüse erhält dadurch eine leicht bräunliche Färbung. Tomatenmark und Butter unterrühren, mit Salz, Pfeffer und Zimt würzen und mit 700 ml Wasser aufgießen. Alles einmal aufkochen lassen.

Die Tomaten waschen und klein schneiden, dabei die Stielansätze entfernen. Tomatenstücke zur Okramischung geben. Alles mindestens 30 Minuten köcheln lassen, bis die Okraschoten weich und die Flüssigkeit eingedickt ist.

Den Koriander waschen und trocken schütteln, die Blätter abzupfen und fein hacken. Koriander und Zitronensaft unter das Gemüse mischen. Wer mag, kann das Gemüse noch mit etwa 3 EL Granatapfelsirup verfeinern. Das Okragemüse nach Belieben mit Reis servieren.

TIPP „Der Geschmack von Knoblauch wird immer stärker, je länger man ihn kocht. Sie können auch zu Beginn nur eine Hälfte der angegebenen Menge anbraten und die zweite Hälfte erst später mit den Tomaten hinzufügen oder sogar erst kurz vor Ende unterrühren. Entsprechend weniger stark schmeckt man den Knoblauch am Schluss heraus."

Bulgur Kerdi

BULGUR MIT TOMATEN

4 PERSONEN CA. 10 MIN. ZUBEREITUNG CA. 45 MIN. GARZEIT

75 g Zwiebeln
ca. 75 ml Olivenöl
500 g grober Bulgur
150 g Tomaten
50 g Tomatenmark
Salz
Pfeffer aus der Mühle
1 rote Chilischote

Die Zwiebeln schälen, in feine Würfel schneiden und in etwas Olivenöl goldgelb braten. Dann den Bulgur dazugeben, gut unterrühren und etwa 5 Minuten garen, bis sein Geruch deutlich hervorsticht. Je nach Bedarf – jede Bulgursorte braucht ihre eigene spezifische Menge – mehr oder weniger Olivenöl hinzufügen.

Die Tomaten waschen und klein schneiden, dabei die Stielansätze entfernen. Tomatenmark und Tomatenstücke mitsamt ihrer Flüssigkeit zum Bulgur geben. Mit Salz und Pfeffer pikant würzen. Wer es besonders scharf mag, kann die Chilischote waschen und in kleine Stücke schneiden. Sie kann jedoch auch als Ganzes mitgegart werden.

Alles mit 300 ml Wasser ablöschen, mit geschlossenem Deckel bei mittlerer Hitze 5 bis 6 Minuten kochen lassen und dann bei schwacher Hitze noch 30 Minuten weiterköcheln.

TIPP „Serviert wird Bulgur Kerdi traditionell mit Joghurt und Frühlingszwiebelringen."

Fasuliyeh Set

GRÜNE BOHNEN AUF SYRISCHE ART

4 PERSONEN   CA. 20 MIN. ZUBEREITUNG   CA. 35 MIN. GARZEIT

700 g frische grüne Bohnen (ersatzweise tiefgekühlte)
2–3 Knoblauchzehen
75 ml Olivenöl
1 EL gemahlener Koriander
4 Tomaten
2 EL Tomatenmark
Salz
Pfeffer aus der Mühle
50 g Koriandergrün

Die Bohnen putzen, waschen und in mundgerechte Stücke schneiden. In kochendem Wasser kurz blanchieren und in ein Sieb abgießen.

Den Knoblauch schälen und in feine Würfel schneiden. In einer Pfanne im Olivenöl kurz anbraten und mit dem Koriander mischen. Dann die Bohnen dazugeben und bei mittlerer Hitze etwa 30 Minuten garen.

Die Tomaten waschen und in kleine Stücke schneiden, dabei die Stielansätze entfernen. In einer Pfanne mit dem Tomatenmark bei mittlerer Hitze 10 bis 15 Minuten braten. Mit Salz und Pfeffer pikant würzen. Dann den Tomatenmix unter die Bohnen mischen.

Den Koriander waschen und trocken schütteln, die Blätter abzupfen, fein hacken und mit in die Pfanne geben. Das Gericht sollte am Ende grün, nicht rot aussehen.

TIPP „Fasuliyeh Set wird mit Fladenbrot gereicht. Man kann es auch als Vorspeise anbieten. Wer es eilig hat, kann die Zutaten auch gleich miteinander mischen und zusammen garen."

Freekeh

GRÜNER WEIZEN MIT ERBSEN

„Freekeh ist ein proteinreiches Körnergericht, das in der Küche des Mittleren Ostens eine langjährige Tradition hat. Grünen Weizen erhalten Sie in türkischen oder arabischen Supermärkten – er muss vor der Verwendung unbedingt gereinigt werden.
Ich bevorzuge Freekeh vegetarisch, in Syrien hingegen wird es traditionell mit Fleisch gereicht. Man wählt 500 Gramm Rind, Lamm oder Huhn und kocht es im gleichen Sud wie im Rezept zu Shakriyeh (siehe S. 136) beschrieben. Zum Schluss teilt man es in kleine Portionen und richtet es auf dem Weizen an.
Wenn ich doch einmal Hühnchen als Beilage wähle, zerteile ich es nach dem Kochen in gulaschgroße Stücke und brate es mit den Nüssen kurz in einer Pfanne an. Dann gebe ich ein wenig Freekeh auf jeden Teller und gieße einen Löffel von dem Fleischragout darüber."

4 PERSONEN CA. 15 MIN. ZUBEREITUNG CA. 70 MIN. GARZEIT

500 g Freekeh (grüner Weizen)
150 g Erbsen
2 EL Sonnenblumenöl
Salz
Pfeffer aus der Mühle
ca. ½ TL Zimtpulver
40 g Pinienkerne oder Mandeln
1 EL Butter
griechischer Joghurt zum Servieren

Den grünen Weizen trocken auf ein Tablett schütten und mit den Fingern sorgfältig alle Steinchen und Spelzen herauslesen. Dann den Weizen in einer Schüssel zweimal gründlich waschen. Jetzt kann man den Weizen weiterverwenden.

Die Erbsen in einem Topf im Öl etwa 3 Minuten braten, dann den Weizen hinzufügen. Unter ständigem Rühren garen – er beginnt nach einigen Minuten wunderbar zu duften. Dann mit Salz, Pfeffer und Zimt würzen. Mit 3 Gläsern heißem Wasser (etwa 1 l) ablöschen, einige Minuten kochen und dann zugedeckt ohne Hitzezufuhr 15 Minuten quellen lassen.

Anschließend den Herd wieder anstellen und Freekeh bei schwacher Hitze 40 Minuten köcheln lassen. Wenn der Weizen fertig gegart ist, sollte das Wasser vollständig aufgesogen sein.

In der Zwischenzeit die Pinienkerne oder Mandeln in einer Pfanne in der Butter bei schwacher Hitze goldbraun anbraten – doch Vorsicht, sie brennen schnell an! Das Gericht in einer flachen Schale anrichten und die Pinienkerne oder Mandeln darüberstreuen. Dazu Joghurt reichen.

TIPP „Für etwas mehr Würze können Sie 1 Brühwürfel (Hühnerbrühe) in wenig Wasser auflösen und ebenfalls dazugeben. Das Gericht ist dann natürlich nicht mehr vegetarisch."

Mahshy auf Aleppo-Art

GEFÜLLTE AUBERGINEN MIT BULGUR UND GEMÜSE

6 PERSONEN   CA. 30 MIN. ZUBEREITUNG   1–2 STD. GARZEIT

FÜR DIE AUBERGINEN:

30 g Frühlingszwiebel
30 g grüne Paprikaschote
50 ml Olivenöl
200 g grober Bulgur
30 g Petersilie
15 g Minze
100 ml passierte Tomaten
3 EL Granatapfelsirup
20 g Tomatenmark
20 g Paprikamark
Salz
Pfeffer aus der Mühle
1 kg kleine Auberginen (am besten arabische Auberginen; siehe S. 123)

AUSSERDEM:

einige ca. 1 cm dicke Kartoffel- oder Zucchinischeiben für den Topf
150 g Tomatenmark
10 g getrocknete, gemahlene Minze
Salz
Pfeffer aus der Mühle
2–3 Knoblauchzehen
1 EL Butter
1 EL gehackte Petersilie (nach Belieben)

Für die Auberginen die Frühlingszwiebel putzen, waschen und den weißen Teil in feine Ringe schneiden (den grünen Teil anderweitig verwenden). Die Paprika waschen, in kleine Würfel schneiden und mit den Frühlingszwiebelringen in einer Pfanne im Olivenöl anbraten. Den Bulgur dazugeben und unterrühren.

Die Petersilie und die Minze waschen und trocken schütteln, die Blätter abzupfen und fein hacken. Nach und nach die passierten Tomaten, den Granatapfelsirup, Tomaten- und Paprikamark, Petersilie und Minze unter den Bulgur rühren. Alles mit Salz und Pfeffer würzen. Die Auberginen waschen und vorsichtig aushöhlen.

Die Bulgurmasse in die Auberginen füllen. Die einzelnen Früchte dürfen nicht randvoll befüllt werden, denn der Bulgur quillt noch ein wenig auf.

Damit die Auberginen nicht anbrennen, den Boden eines großen Topfs mit Kartoffel- oder Zucchinischeiben auslegen. Die gefüllten Auberginen kreisförmig in den Topf setzen.

Für die Sauce das Tomatenmark in Wasser auflösen und die gefüllten Auberginen damit aufgießen, bis sie vollständig mit Flüssigkeit bedeckt sind. Dann die Minze hinzufügen und alles mit Salz und Pfeffer würzen. Den Knoblauch schälen, klein schneiden und darüberstreuen. Die Butter in Flocken auf der Oberfläche verteilen.

Jetzt den Topf erhitzen, bis die Sauce langsam zu kochen beginnt. Dann die Hitze wieder reduzieren, den Deckel aufsetzen und die gefüllten Auberginen bei schwacher Hitze 1 bis 2 Stunden garen. Nach Belieben mit Petersilie bestreut servieren.

Makmur

WEISSKOHL MIT REIS

„Wenn ich Gemüse oder Fleisch in der Pfanne brate, benutze ich am liebsten eine Mischung aus Margarine und Sonnenblumenöl. Das eine macht das Essen schmackhafter, das andere sorgt für ein optimales Bratergebnis. Natürlich kann das jeder so machen, wie er mag. Vergessen Sie nicht: In Syrien kocht man mit der Seele, nicht nur mit dem Verstand. Wer keine Margarine mag, lässt sie einfach weg, wer lieber Olivenöl verwendet, kann das Sonnenblumenöl dadurch ersetzen. Auch die Mengenzusammensetzung der angegebenen Fette ist variabel. Wichtig ist, dass jeder bei der Zubereitung meiner Gerichte ein gutes Gefühl hat und dass jedem das Essen am Ende schmeckt!"

4–6 PERSONEN CA. 15 MIN. ZUBEREITUNG CA. 50 MIN. GARZEIT

500–600 g Weißkohl
2–3 Knoblauchzehen
1 EL ganzer Kreuzkümmel (Cumin)
75 ml Oliven- oder Sonnenblumenöl
40 g Margarine
1 TL Zimtpulver
500 g Reis
Salz
Pfeffer aus der Mühle
1 Bio-Zitrone und griechischer Joghurt zum Servieren
1 EL gehackte Minze (nach Belieben)

Vom Weißkohl die äußeren Blätter entfernen, den Kohl vierteln und den harten Strunk entfernen. Den Kohl klein schneiden und in Wasser 20 Minuten garen. Dann in ein Sieb abgießen.

Den Knoblauch schälen, in feine Würfel schneiden und mit dem Kreuzkümmel in Öl und Margarine in einem Topf kurz anbraten. Den Kohl dazugeben und kurz mitgaren. Den Kohl mit Zimt würzen.

Den Reis zwei- bis dreimal in einem Sieb mit warmem Wasser waschen und abtropfen lassen, dann unter den Kohl mischen. Die Mischung mit 700 ml Wasser aufgießen und mit Salz und Pfeffer abschmecken. Mit geschlossenem Deckel so lange garen, bis der Reis weich ist, aber noch Biss hat.

Die Zitrone heiß waschen, trocken reiben und in Spalten oder Scheiben schneiden. Makmur mit Zitronenstücken und griechischem Joghurt servieren. Nach Belieben mit Minze bestreuen.

TIPP „Würziger, aber nicht mehr vegetarisch wird das Kohlgericht, wenn Sie 2 Brühwürfel (Hühnerbrühe) in wenig Wasser auflösen und zusammen mit dem restlichen Wasser dazugeben."

Brunnen für die Gebetswaschungen in der Umayyaden-Moschee in Damaskus

Rituelle Fußwaschung vor dem Gebet

Umayyaden-Moschee in Damaskus

Mjadarah

LINSEN MIT BULGUR UND ZWIEBELN

4–6 PERSONEN CA. 10 MIN. ZUBEREITUNG CA. 3 STD. QUELLZEIT CA. 30 MIN. GARZEIT

200 g getrocknete braune Linsen
Salz
145 ml Olivenöl
500 g grober Bulgur
500 g Zwiebeln
Mixed Pickles und griechischer Joghurt zum Servieren

Die Linsen in einem Topf mit 1 l Wasser 3 Stunden ziehen lassen. Dann 1 TL Salz und etwa 2 EL Olivenöl dazugeben und so lange kochen, bis die Linsen halb gar sind. Die Linsen in ein Sieb abgießen und abtropfen lassen.

Den Bulgur in einer Pfanne in 50 ml Olivenöl braten, bis er zu duften beginnt. Dann mit den Linsen in einen Topf schütten, mischen, nach Geschmack nochmals mit Salz würzen und etwa weitere 300 ml Wasser hinzugeben. Mit geschlossenem Deckel bei mittlerer Hitze weiterköcheln lassen.

Inzwischen die Zwiebeln schälen, in Ringe schneiden und im restlichen Olivenöl in einer Pfanne goldgelb braten. Die eine Hälfte der Zwiebeln mit Bulgur und Linsen mischen. Das Gericht auf einer Platte anrichten und die restlichen Zwiebeln darauflegen. Mixed Pickles und griechischen Joghurt dazu servieren.

Msakaa Bazenjan

PAPRIKA-TOMATEN-GEMÜSE AUF AUBERGINENSCHEIBEN

4 PERSONEN CA. 25 MIN. ZUBEREITUNG CA. 15 MIN. GARZEIT

1½ kg kleine Auberginen (am besten arabische Auberginen; siehe S. 123)
2 EL Sonnenblumenöl
200 g Zwiebeln
3–4 Knoblauchzehen
75 ml Olivenöl
200 g grüne und rote Paprikaschoten
500 g Tomaten
60 g Tomatenmark
Salz
Pfeffer aus der Mühle
1 rote Chilischote (nach Belieben)
Fladenbrot zum Servieren

Die Auberginen waschen und die Stängel entfernen, das Fruchtfleisch in etwa 3 cm dicke Scheiben schneiden und in einer Pfanne im Sonnenblumenöl auf beiden Seiten goldbraun braten. Herausnehmen und auf Küchenpapier abtropfen lassen.

Die Zwiebeln und den Knoblauch schälen, in dünne Scheiben schneiden und in einer zweiten Pfanne im Olivenöl etwa 3 Minuten braten.

Die Paprika längs halbieren, entkernen, waschen und in kleine Würfel schneiden. Die Tomaten waschen und klein schneiden, dabei die Stielansätze und die Kerne entfernen.

Beides zum Zwiebel-Knoblauch-Mix in die Pfanne geben. Tomatenmark hinzufügen und mit Salz und Pfeffer würzen. Alles mischen und bei mittlerer Hitze 4 Minuten garen. Wer gerne scharf isst, kann die Chilischote waschen und in kleine Stücke schneiden. Sie kann jedoch auch im Ganzen mitgegart werden.

Den Backofen auf 180 °C vorheizen. Den Boden einer flachen Auflaufform oder einer hitzebeständigen Glasschale mit den Auberginenscheiben auslegen. Dann das Paprika-Tomaten-Gemüse darüber verteilen. Je nach Größe der Form können Sie die Auberginen und das Paprika-Tomaten-Gemüse auch doppelt einschichten.

Die Form mit Alufolie zudecken und das Gemüse im Ofen auf der mittleren Schiene etwa 15 Minuten garen. Mit Fladenbrot servieren.

Sheesh Berak nach Lügners Art

NUDELN IN JOGHURTSAUCE

„Sheesh Berak ist ursprünglich ein kompliziertes Rezept. In der traditionellen syrischen Küche kennt man keine Nudeln, daher habe ich das Gericht erheblich vereinfacht, damit es jedem gelingen kann. Wer es geschmacklich kräftiger mag, kann der Joghurtsauce ein bis zwei in heißem Wasser aufgelöste Gemüse-Brühwürfel hinzufügen."

6 PERSONEN CA. 20 MIN. ZUBEREITUNG

FÜR DIE NUDELN:
700 g Nudeln (z.B. Fusilli)
Salz
1 kg griechischer Joghurt
1 EL Speisestärke

AUSSERDEM:
2 Knoblauchzehen
2 EL Olivenöl
30 g gemahlener Koriander
gebratenes Koriandergrün (nach Belieben)

Die Nudeln in reichlich kochendem Salzwasser nach Packungsanweisung bissfest garen, in ein Sieb abgießen und abtropfen lassen.

Für die Sauce Joghurt, 1 Glas Wasser und Speisestärke zu einer glatten Sauce rühren und in einem Topf aufkochen. Nach Belieben mit Salz würzen. Die gegarten Nudeln unterheben.

Den Knoblauch schälen, in feine Würfel schneiden und in einer Pfanne im Olivenöl bei mittlerer Hitze anbraten. Den Koriander hinzufügen und etwa 2 Minuten weitergaren. Dann über der Nudel-Joghurt-Speise verteilen. Die Nudeln nach Belieben mit gebratenem Koriander garnieren.

Hauptspeisen mit Fleisch

Battersh

AUBERGINENPÜREE MIT TOMATENHACKFLEISCH

„Battersh kann auch als Vorspeise gereicht werden, doch ich esse es so gern, dass ich es meinen Gästen lieber als Hauptgericht serviere. Schon bei der Zubereitung läuft mir das Wasser im Mund zusammen. Das i-Tüpfelchen ist die Garnitur aus gerösteten Nüssen und Petersilie."

4 PERSONEN CA. 30 MIN. ZUBEREITUNG CA. 30 MIN. GARZEIT

FÜR DAS AUBERGINENGERICHT:
ca. 2 kg Auberginen
500 g griechischer Joghurt
200 g Rinderhackfleisch
3 EL Olivenöl
1 Brühwürfel (Hühnerbrühe; nach Belieben)
50 g Tomatenmark
Salz
Pfeffer aus der Mühle
3–4 Knoblauchzehen
Saft und abgeriebene Schale von 1 Bio-Zitrone
20 g Tahin (Sesampaste; nach Belieben)

AUSSERDEM:
30 g Walnusskerne
30 g Pinienkerne
1 EL Olivenöl
Pfeffer aus der Mühle
20 g Petersilie

Für das Auberginengericht den Backofen auf 250 °C vorheizen und die Auberginen darin auf einem Backblech auf der mittleren Schiene etwa 30 Minuten backen. Sobald man sie mit einem Zahnstocher glatt durchstechen kann, sind sie gar. Aus dem Ofen nehmen, kurz abkühlen lassen, die Haut abziehen und den Stielansatz entfernen. Das Fruchtfleisch in einem Sieb abtropfen lassen, dann mit dem Stabmixer pürieren oder zu Mus zerdrücken.

Den Joghurt mithilfe eines dünnen Baumwolltuchs auswringen, bis sämtliche Flüssigkeit daraus entwichen ist. Zur Weiterverarbeitung sollte am Ende eine Masse von etwa 150 g Joghurt zurückbleiben.

Das Hackfleisch in einer Pfanne in 2 EL Olivenöl anbraten. Nach Belieben den Brühwürfel sowie 100 ml Wasser und das Tomatenmark hinzufügen und das Fleisch mit Salz und Pfeffer würzen. Warm halten.

Knoblauch schälen, in feine Würfel schneiden und im restlichen Olivenöl in einer flachen, hitzebeständigen Form erhitzen. Das Auberginenmus hinzugeben, salzen und sorgfältig verrühren. Dann den Joghurt untermischen, den Zitronensaft und die -schale sowie nach Belieben Tahin dazugeben. Zuletzt wird das Püree gleichmäßig in der Form verteilt und glatt gestrichen. Als letzte Schicht die Hackfleischmischung in die Form geben und sorgfältig glatt streichen.

Die Nüsse zerkleinern, aber nicht zerstoßen. Mit den Pinienkernen in einer Pfanne im Olivenöl kurz anrösten. Zuerst die gerösteten Nüsse und Pinienkerne über dem Hackfleisch verteilen, dann die Oberfläche in regelmäßigen Streifen oder Zickzacklinien mit Pfeffer verzieren. Die Petersilie waschen und trocken schütteln, die Blätter abzupfen und fein hacken. In die Mitte sowie in die vier Ecken der Form streuen.

Battersh

(REZEPT AUF SEITE 88)

„Battersh ist ein traditionelles Gericht aus Hama. Wer früher die Stadt mit ihren berühmten hölzernen Wasserschöpfrädern besuchte, bekam dort mit Sicherheit dieses herrliche Auberginengericht serviert. Ich denke, es ist die raffinierte Kombination von Tomaten mit Joghurt, die ihren spezifischen Geschmack ausmacht.

Ein Freund von mir, der aus Hama stammt, wollte Gäste in sein Haus einladen und versprach ihnen, Battersh zu kochen. Als die Leute ihn fragten, worum es sich dabei handelt, lobte er das Gericht über den grünen Klee und erzählte ihnen, es schmecke so köstlich wie gefüllter Lammbraten mit Sauce, wie Feigen, Granatäpfel oder feinste Melonen. Es schmecke so gut, dass man nie wieder im Leben etwas anderes essen möchte.

Als die Gäste kamen und sein Battersh sahen, waren sie enttäuscht. Du hast uns den Himmel auf Erden versprochen, beklagten sie sich bei meinem Freund, den Geschmack einer göttlichen Speise mit paradiesischen Früchten. Und jetzt servierst du uns eine gewöhnliche Vorspeise. Wo bleibt das Hauptgericht? Mein Freund lachte nur und erwiderte, sie sollten das Gericht doch erst einmal probieren.

Die Gäste machten sich ans Essen,und es schmeckte ihnen so ausgezeichnet, dass sie gar nicht wieder aufhören konnten zu essen. Zum Schluss mussten sie meinem Freund recht geben. Was für ein glücklicher Mensch musst du sein, sagten sie, dass du aus Hama stammst und schon als Kind Battersh essen konntest.“

Dajaj Belferan

(REZEPT AUF SEITE 93)

„Es gibt mehr als 30 verschiedene Rezepte, Dajaj Belferan zuzubereiten. Dabei ist es ein einfaches Rezept mit traditionell wenigen Zutaten. Aber die einen essen es mit Bulgur, die anderen mit Reis, die dritten auf noch eine andere Art. Nur eines haben alle Variationen gemeinsam: Olivenöl und Zitronensaft.

Da man dabei keinerlei spezifische Gewürze verwendet, hängt die Qualität der Zubereitung besonders von dem Geschmack des Olivenöls ab. In Syrien bemüht man sich daher, das beste Öl des Landes zu verwenden. Es ist besonders kostbar, sehr gesund und stammt aus dem Umland von Aleppo, aber leider ist es auch recht teuer. Wenn wir unseren Gästen Dajaj Belferan bereiten wollten, verwendeten wir allein Olivenöl aus dieser Gegend.

Dieses Gericht ist wie ein Ritual: Wer es zu sich nehmen möchte, braucht dafür ausgezeichnete Zutaten. Auch der Joghurt und das sauer eingelegte Gemüse, die Mixed Pickles, die man ja eigentlich nur als Beilage dazu reicht, müssen von exzellenter Qualität sein. Dajaj Belferan sollte allein für sich gegessen werden, ohne weitere Vor-, Haupt- oder Nachspeisen, gerne aber mit Bulgur oder Reis serviert. Man sollte zuvor eigentlich fasten und keinerlei Fleisch essen, damit man es richtig würdigen kann.

Wir haben Dajaj Belferan in Syrien an den Tagen gekocht, auf die ein großes Fest folgte, denn bei unseren Feierlichkeiten gab es immer viele verschiedene Gerichte, und man aß alles fröhlich durcheinander. Darauf ist ein so einfaches und gesundes Essen wie dieses die beste Vorbereitung.“

Dajaj Belferan

IM OFEN GEBRATENES HÄHNCHEN

„Ich verwende bei diesem Gericht meist Zitronensalz statt Zitronensaft, denn es ist wesentlich sparsamer. Man bekommt es in arabischen Lebensmittelgeschäften. Statt 500 Gramm Zitronen braucht man davon nur zwei Teelöffel. Zitronensalz ist so sauer, dass man nicht einmal einen winzigen Kristall auf der Zunge ertragen könnte. Wichtig ist, dass man es nicht erst nach dem Braten über das Hähnchen gibt, sondern gleich zu Beginn unter die Kartoffeln mischt, damit es sich mit den anderen Zutaten verbindet.“

4 PERSONEN MIND. 12 STD. MARINIERZEIT CA. 30 MIN. ZUBEREITUNG CA. 2 STD. GARZEIT

FÜR DAS HÄHNCHEN:
3 Knoblauchzehen
1 EL Pfeffer aus der Mühle
1 EL getrocknete Paprika (siehe Tipp S. 25)
1 EL gemahlener Kreuzkümmel (Cumin)
1 EL Salz
1 EL gemahlener Koriander
1 EL Tomatenmark
1 EL Senf
75 g griechischer Joghurt
3 EL heller Essig
1 ganzes Hähnchen (ca. 1 kg)

AUSSERDEM:
150 g Weinblätter
6 Knoblauchzehen
1 kg festkochende Kartoffeln
2 EL getrocknete Paprika
1 TL Pfeffer aus der Mühle
2 EL gemahlener Koriander
max. 1 EL Salz
75 ml Olivenöl
Saft von 500 g Zitronen (oder Zitronensalz; siehe oben)

Am Vortag für das Hähnchen den Knoblauch schälen und in feine Würfel schneiden. Knoblauch, Pfeffer, Paprika, Kreuzkümmel, Salz, Koriander, Tomatenmark, Senf, Joghurt und Essig zu einer Marinade verrühren.

Das Hähnchen innen und außen waschen, trocken tupfen und sorgfältig innen und außen mit der Marinade bestreichen. Wer möchte, kann einiges von der Marinade auch zwischen Haut und Fleisch verteilen. Das Hähnchen dann zudecken und über Nacht im Kühlschrank ziehen lassen.

Am nächsten Tag die Weinblätter, sollten sie getrocknet worden sein, in Wasser legen und 5 Minuten kochen. Den Boden einer ofenfesten Schale mit den Weinblättern auslegen. Den Knoblauch schälen und in feine Würfel schneiden. Die Kartoffeln schälen, waschen und in 2 cm dicke Scheiben schneiden. Diese auf die Weinblätter schichten und mit Knoblauch, Paprika, Pfeffer, Koriander und Salz würzen. Dann das Olivenöl darübergießen und zuletzt das marinierte Hähnchen daraufsetzen.

Den Backofen auf 200 °C vorheizen. Die Schale mit Alufolie zudecken und das Hähnchen auf der mittleren Schiene im Ofen etwa 2 Stunden garen. Wenn das Hähnchen fertig ist, die Schale aus dem Ofen holen, die Alufolie abnehmen und den Zitronensaft darübergießen. Das Hähnchen tranchieren und nach Belieben mit Bulgur oder Reis servieren.

Fatteh Dajaj

HUHN MIT REIS UND FLADENBROT

4 PERSONEN CA. 20 MIN. ZUBEREITUNG CA. 45 MIN. GARZEIT

FÜR DAS HÄHNCHEN:
1 kleines Hähnchen (ca. 700 g)
1 Zwiebel
1 Möhre
weißer Pfeffer aus der Mühle
6–7 Kardamomkapseln
8 Gewürznelken
1 Zimtstange
3 Lorbeerblätter
1 Brühwürfel (Hühnerbrühe; nach Belieben)

FÜR DIE SAUCE:
2–3 Knoblauchzehen
500 g griechischer Joghurt
2 EL Tahin (Sesampaste)
4 EL Zitronensaft
Salz

AUSSERDEM:
400 g Langkornreis
Fladenbrot
Butter oder Sonnenblumenöl zum Braten
50 g Pinienkerne oder Mandeln
50 g Petersilie
Pfeffer aus der Mühle (nach Belieben)

Das Hähnchen innen und außen waschen. Die Zwiebel schälen und in feine Würfel schneiden. Die Möhre putzen, schälen und klein schneiden. Hähnchen, Zwiebel und Möhre mit Pfeffer, Kardamom, Gewürznelken, Zimt und Lorbeerblättern in einen Topf geben und 1 l Wasser dazugießen. Das Hähnchen bei mittlerer Hitze mindestens 45 Minuten garen, dabei nach Belieben noch 1 Brühwürfel dazugeben. Den weißen Schaum, der sich beim Kochen bildet, abschöpfen und wegschütten, doch immer darauf achten, dass alle Gewürze im Sud verbleiben.

Wenn das Hähnchen gar ist, herausnehmen und das Fleisch vom Knochen lösen. Den Sud durch ein Sieb abgießen und aufbewahren, die Knochen entsorgen.

Inzwischen in einem zweiten Topf den Reis nach Packungsanweisung zubereiten. Das Fladenbrot in 5 cm große Vierecke schneiden und in einer Pfanne in Butter oder Öl goldbraun braten.

Für die Sauce den Knoblauch schälen, in feine Würfel schneiden und mit Joghurt, Tahin, Zitronensaft und 100 ml vom Hühnersud vermischen. Die Sauce mit Salz würzen.

Jetzt kann das Fatteh Dajaj angerichtet werden: Dazu eine hübsche Schale nehmen, darin vorsichtig die Hälfte vom Reis mit dem Brot vermischen und die Hälfte der Sauce darübergießen. Das Brot darf dabei nicht zerdrückt werden. Dann den restlichen Reis daraufschichten und die übrige Sauce darübergießen. Zuletzt das Hähnchenfleisch darauf anrichten.

Pinienkerne oder Mandeln nach Belieben hacken und in einer Pfanne in Butter oder Öl bei schwacher Hitze goldbraun braten. Die Petersilie waschen und trocken schütteln, die Blätter abzupfen und fein hacken. Nüsse, Petersilie und nach Belieben Pfeffer über das Fleisch streuen.

Dawod Basha

FRITTIERTE HACKBÄLLCHEN AUF ZWIEBELN MIT TOMATENSAUCE

4 PERSONEN   CA. 20 MIN. ZUBEREITUNG   CA. 40 MIN. GARZEIT

FÜR DIE HACKBÄLLCHEN:
4 EL Koriandergrün
500 g Rinderhackfleisch
2 TL gemahlener Kardamom
2 TL Zimtpulver
2 TL Salz
2 TL Pfeffer aus der Mühle
20 g Pinienkerne
Sonnenblumenöl zum Frittieren
500 g Zwiebeln

FÜR DIE SAUCE:
2 kg Tomaten
Salz
Pfeffer aus der Mühle
2 TL arabisches 7-Gewürze-Pulver
2 EL Tomatenmark

AUSSERDEM:
1 EL Butter
Fladenbrot oder gegarter Langkornreis zum Servieren

Für die Hackbällchen den Koriander waschen und trocken schütteln, die Blätter abzupfen und fein hacken. Mit dem Hackfleisch, dem Kardamom, dem Zimt sowie Salz und Pfeffer vermischen und aus der Masse kleine Klöße formen. In die Mitte jedes Klößchens 3 Pinienkerne stecken.

Das Öl in der Fritteuse oder in einem hohen Topf erhitzen und die Hackbällchen darin rundum frittieren. Mit dem Schaumlöffel herausheben und auf Küchenpapier abtropfen lassen.

Die Zwiebeln schälen, in Scheiben schneiden und im Frittierfett goldbraun braten.

Für die Sauce die Tomaten kreuzweise einritzen, überbrühen, häuten, vierteln und entkernen. Das Fruchtfleisch pürieren. Mit Salz, Pfeffer und 7-Gewürze-Pulver würzen und das Tomatenmark hinzugeben. In einem Topf aufkochen und 10 Minuten garen.

Den Backofen auf 200 °C vorheizen. Nun alles nacheinander in eine ofenfeste Form schichten: zuerst die Zwiebeln, dann die Hackbällchen und darüber die Tomatensauce. Die Butter in Flocken darüber verteilen. Die Hackbällchen im Ofen auf der mittleren Schiene etwa 30 Minuten garen. Dawod Basha mit Fladenbrot oder Reis servieren.

Fatteh Makdos

AUBERGINENGEMÜSE AUF FLADENBROT

„Dieses Gericht ist ausgesprochen nahrhaft. Ich koche es am liebsten während des Ramadans, denn nach dem Fasten hat man abends großen Hunger und braucht einfach dringend eine sättigende Speise. Dann kann man mein Fatteh Makdos richtig genießen. Für Vegetarier lasse ich das Fleisch einfach weg und nehme einen Gemüse-Brühwürfel."

4 PERSONEN   CA. 30 MIN. ZUBEREITUNG

FÜR DAS GEMÜSE:
1½ kg Auberginen
30 g Margarine oder Butter
2 EL Sonnenblumenöl
250 g Rinderhackfleisch
75 g Tomatenmark
Salz
Pfeffer aus der Mühle
1 Brühwürfel (Hühnerbrühe)

AUSSERDEM:
300–400 g Fladenbrot
2 EL Sonnenblumenöl
5–6 Knoblauchzehen
1 kg griechischer Joghurt
50 ml Zitronensaft
30 g Tahin (Sesampaste)
Salz
10 g Petersilie
Pfeffer aus der Mühle
50 g Mandelstifte

Für das Gemüse die Auberginen waschen und die Stängel entfernen, das Fruchtfleisch in Würfel schneiden. Margarine oder Butter und Öl in einer Pfanne erhitzen und die Auberginenwürfel darin rundum anbraten.

Das Hackfleisch in einer zweiten Pfanne krümelig braten, dann das Tomatenmark untermischen. Mit Salz und Pfeffer kräftig würzen. Den Brühwürfel in 200 ml heißem Wasser auflösen und über das Hackfleisch gießen. Zuletzt die gebratenen Auberginen unterheben und alles mit geschlossenem Deckel 5 Minuten durchziehen lassen.

Das Fladenbrot in etwa 5 cm große Vierecke schneiden und in einer Pfanne im Öl goldbraun braten.

Den Knoblauch schälen und in feine Würfel schneiden. Den Joghurt mit Knoblauch, Zitronensaft und Tahin zu einer Sauce verrühren, mit Salz würzen und zu den Fladenbrotstücken in die Pfanne gießen. Alles gut vermischen und in eine flache Schüssel geben, bis der Boden vollständig bedeckt ist. Darauf das Auberginenhack verteilen.

Die Petersilie waschen und trocken schütteln, die Blätter abzupfen, hacken und mit ein wenig Pfeffer über das Gericht streuen. Die Mandelstifte in einer Pfanne ohne Fett anrösten und über das Auberginengemüse streuen.

Kebab Tahini

HACKFLEISCHNOCKEN MIT KARTOFFELN UND SESAMSAUCE

4 PERSONEN CA. 20 MIN. ZUBEREITUNG CA. 30 MIN. GARZEIT

FÜR DIE NOCKEN:

700 g Hackfleisch (Rind oder Lamm)
Salz
Pfeffer aus der Mühle
40 g Pinienkerne
3 EL Sonnenblumenöl
200 g Zwiebeln
300 g festkochende Kartoffeln
2 Brühwürfel (Hühnerbrühe)

FÜR DIE SAUCE:

ca. 200 g Tahin (Sesampaste)
4 EL griechischer Joghurt
50 ml Zitronensaft

Für die Nocken den Backofen auf 200 °C vorheizen. Hackfleisch mit Salz, Pfeffer und Pinienkernen vermischen und, ähnlich wie bei der Zubereitung von Kibbeh Alfaker (siehe S. 61), einzelne Nocken daraus formen. (Der Abdruck der Finger ist für die Form diesmal nicht entscheidend.) Das Öl in einer Pfanne erhitzen und die Fleischnocken darin rundum etwa 5 Minuten braten. Wieder herausnehmen und auf Küchenpapier abtropfen lassen.

Die Zwiebeln schälen, in Scheiben schneiden und in der Pfanne im verbliebenen Bratfett anbraten. Die Kartoffeln schälen und waschen, in dünne Scheiben schneiden und in die Pfanne geben. Auf beiden Seiten anbraten, ggf. noch etwas Öl dazugeben. Nur Fleisch und Zwiebeln sollten unbedingt im selben Öl gebraten werden.

Kartoffelscheiben, Zwiebelscheiben und Fleischnocken nacheinander in eine flache Auflaufform schichten. Die Brühwürfel in 1 Glas heißem Wasser auflösen und langsam über den Auflauf gießen. Dann mit Alufolie zudecken und im Ofen auf der mittleren Schiene etwa 30 Minuten garen.

Für die Sauce Tahin mit Joghurt und Zitronensaft mischen und sorgfältig glatt rühren.

Wenn der Auflauf fertig ist, die Folie abnehmen, sämtliche Flüssigkeit abschöpfen und diese mit der Sesamsauce in einen kleinen Topf geben. Dann 2 bis 3 EL kaltes Wasser dazugeben, verrühren, kurz aufkochen lassen und über den Auflauf gießen. Kebab Tahini wird gerne mit Fladenbrot gegessen.

Mlokheyeh

SYRISCHES JUTEGEMÜSE MIT HÄHNCHEN

„Mlokheyeh oder Mulukheia erhält man auf jedem arabischen Markt oder in jedem arabischen Lebensmittelgeschäft. Es sind die grünen Blätter der Langkapseligen Jute aus der Familie der Malvengewächse, auch Muskraut genannt. Am besten schreiben Sie die syrische Bezeichnung des Gerichts auf einen Zettel und halten ihn dem Verkäufer unter die Nase. Dann wird er sofort wissen, was gemeint ist. Mlokheyeh kann man getrocknet oder bereits gewässert und auch als Tiefkühlware kaufen."

4 PERSONEN CA. 40 MIN. ZUBEREITUNG CA. 75 MIN. GARZEIT

FÜR DAS HÄHNCHEN:
1 kleines Hähnchen (ca. 700 g)
1 Zwiebel (in feinen Würfeln)
1 Möhre (in kleinen Würfeln)
weißer Pfeffer aus der Mühle
6–7 Kardamomkapseln
8 Gewürznelken
1 Zimtstange
3 Lorbeerblätter
1 Brühwürfel (Hühnerbrühe; nach Belieben)
2 Knoblauchzehen (in feinen Würfeln)
2 TL gemahlener Koriander
3 EL Olivenöl
50 g Koriandergrün (fein gehackt)

FÜR DAS GEMÜSE:
500–700 g getrocknete Mlokheyeh (siehe oben)
4 EL Sonnenblumen- oder Olivenöl
30 g Margarine
3–4 Knoblauchzehen
1 geh. EL gemahlener Koriander
Salz · Pfeffer aus der Mühle
½ TL Zimtpulver
1 rote Chilischote (nach Belieben)

Das Hähnchen innen und außen waschen und trocken tupfen. Hähnchen, Zwiebel und Möhre mit Pfeffer, Kardamom, Gewürznelken, Zimt und Lorbeer in einen Topf geben. 1 l Wasser dazugießen, nach Belieben den Brühwürfel hinzufügen und das Fleisch etwa 45 Minuten garen. Den weißen Schaum, der sich beim Kochen bildet, abschöpfen und wegschütten, doch immer darauf achten, dass alle Gewürze im Sud verbleiben.

Wenn das Hähnchen gar ist, aus dem Sud nehmen und das Fleisch vom Knochen lösen und klein schneiden. Sud durch ein Sieb abgießen und etwa 700 ml davon aufbewahren, die Knochen entsorgen. Oder alternativ das Hähnchen tranchieren und die Hähnchenteile in Öl knusprig braten. Knoblauch und gemahlenen Koriander im Olivenöl kurz anbraten. Fleisch und Koriandergrün unterrühren.

Für das Gemüse die getrocknete Mlokheyeh 10 Minuten in Wasser legen, in ein Sieb abgießen und etwa 10 Minuten warten, bis die Flüssigkeit abgetropft ist. Dann die Blätter in einer Pfanne in Öl und Margarine anbraten (alternativ nur in Öl), bis man ihren Duft wahrnehmen kann. Man muss bei dem Vorgang langsam und sorgfältig verfahren, ggf. die Blätter in 3 Portionen teilen und nacheinander garen.

Den Knoblauch schälen und in feine Würfel schneiden, mit dem Koriander mischen und in einem Topf kurz anbraten, bis er zu duften beginnt. Die gegarten Mlokheyeh-Blätter unterheben. Die Mischung mit dem Hühnersud ablöschen und mit Salz, Pfeffer und Zimt würzen. Wer gerne scharf isst, kann 1 Chilischote im Ganzen mitgaren. Alles kurz aufkochen lassen, dann mit geschlossenem Deckel bei mittlerer Hitze 30 Minuten köcheln lassen. Mlokheyeh in einer Schale mit dem Fleisch anrichten. Dazu passen Reis und Zitronenspalten.

Mlokheyeh

(REZEPT AUF SEITE 104)

„Mlokheyeh ist das Gericht der Könige. Manche nennen es ‚Mlukije', was so viel bedeutet wie ‚königlich' denn in Syrien ist man der Meinung, es sei derart reichhaltig und kostbar, dass man es sogar einem Herrscher anbieten könnte. Es ist auch mein Lieblingsessen. Wer mir etwas wirklich Gutes tun will, koche mir dieses traditionelle Gericht. Ich liebe es in sämtlichen Variationen.

Im Juni, wenn das sogenannte Muskraut geerntet wird, duftet ganz Syrien nach Mlokheyeh. Sämtliche Gemüsehändler bieten es in ihren Läden an. In hohen Bergen liegt es aufgehäuft gleich am Eingang ihrer Geschäfte oder Stände.

Jede Stadt in Syrien hat ihre eigene Art, Mlokheyeh zuzubereiten. Viele schwärmen davon und sprechen darüber, als sei es kein Essen, sondern eine wunderhübsche Frau. Sie wollen herausstreichen, wie attraktiv es ist, wie liebenswürdig und schön. Ähnlich wie bei Shawarma (dieses Rezept finden Sie auf S. 139) konkurrieren die Köche mit ihren Rezepten untereinander. Jede Stadt möchte bekannt werden für ihre spezifische Zubereitung von Mlokheyeh.

Manch einer isst es am liebsten frisch zubereitet oder hellgrün wie bei der ersten Ernte. Daher friert er es ein und bewahrt es in der Tiefkühltruhe auf. Andere trocknen es lieber. Sie lassen es so lange in der Sonne liegen, bis es ein dunkles Grün bekommen hat und sämtliche Feuchtigkeit entwichen ist. Dann nehmen sie es herein, nähen es in Baumwollsäcke ein und lagern es sorgsam in ihren Kellern und Speisekammern. Bis in den tiefen Winter hinein können sie dann noch davon essen.

Bei der Zubereitung von syrischem Essen, besonders von einem traditionellen Gericht wie Mlokheyeh, darf man nicht sklavisch den Mengenangaben von Rezepten folgen, sondern muss mit der Seele kochen. Ich variiere meine Gerichte jedes Mal, je nach meiner persönlichen Stimmung und meinem Geschmack. Diese Freiheit müssen sich alle nehmen, die nach meinem Kochbuch kochen. Die Küche meiner Heimat verlangt Seele und Verstand zugleich."

Der gedeckte Basar von Aleppo war einer der schönsten Souks im Nahen Osten. Er wurde, wie so viele andere Sehenswürdigkeiten Syriens, im Bürgerkrieg zerstört

Kibbeh

FRITTIERTE BULGURTEIGTASCHEN

„Die Zubereitung von Kibbeh erfordert einiges Geschick. Es gibt unzählige Variationen dazu, einige davon sind so kompliziert, dass sich in ganz Syrien keine 100 Frauen finden, die sie beherrschen."

6–8 PERSONEN CA. 70 MIN. ZUBEREITUNG CA. 15 MIN. QUELLZEIT

FÜR DEN TEIG:
500 g weicher Bulgur
1 Zwiebel
Zesten von 1 Bio-Zitrone
10–20 g gemahlener Kreuzkümmel (Cumin; Menge nach Geschmack)
10–20 g edelsüßes Paprikapulver (Menge nach Geschmack)
Salz
Pfeffer aus der Mühle
250 g Rinderhackfleisch
50 g Mehl

FÜR DIE FÜLLUNG:
1 Zwiebel
50 ml Sonnenblumenöl
25 g Butter
350 g Rinderhackfleisch
Salz
Pfeffer aus der Mühle
10 g Kibbeh-Gewürz
50 g gehackte Walnüsse
50 g Granatapfelkerne

AUSSERDEM:
1 l Sonnenblumenöl zum Frittieren
Zesten von 1 Bio-Zitrone

Für den Teig zuerst den Bulgur mit 900 ml Wasser übergießen und so lange quellen lassen, bis das Wasser vollständig aufgesogen ist. Inzwischen die Zwiebel schälen und in feine Würfel schneiden. Mit Zitronenzesten, Kreuzkümmel, Paprikapulver, Salz und Pfeffer zum Bulgur geben. Dann den Teig durch den Fleischwolf drehen. Das Hackfleisch hinzufügen und die Masse ein zweites Mal durch den Wolf drehen. Zuletzt das Mehl über den Teig streuen und das Ganze ein drittes Mal im Wolf zerreiben. Dann die Masse mit angefeuchteten Fingern zu einem dichten Teig kneten.

Für die Füllung die Zwiebel schälen und in feine Würfel schneiden. In einer Pfanne in Öl und Butter andünsten. Das Hackfleisch hinzufügen und krümelig braten. Erst wenn das Fleisch nicht mehr rot ist, mit Salz, Pfeffer und Kibbeh-Gewürz pikant würzen. Vom Herd nehmen, die Nüsse und die Granatapfelkerne untermischen.

Vom Teig eigroße Stücke abtrennen und zu Bällchen formen, in diese mit dem Daumen einen Hohlraum drücken. Die Teigwände sollen zwar dünn sein, dürfen aber keinesfalls reißen. In den Hohlraum vorsichtig 1 EL von der Hackfleischfüllung drücken und das Bällchen an der offenen Seite schließen. Dabei den Teig so zusammendrücken, dass sich eine kleine Spitze bildet. Typischerweise hat ein fertiger Kibbeh die Form einer Zwiebel oder einer kleinen Zitrone.

Das Öl in einer Pfanne erhitzen. Die Bällchen vorsichtig hineinlegen und rundum goldbraun frittieren. Mit dem Schaumlöffel herausheben, auf Küchenpapier abtropfen lassen und auf einer Platte anrichten. Mit Zitronenzesten dekorieren.

Kibbeh

(REZEPT AUF SEITE 109)

„Kibbeh ist ein Synonym für Solidarität und Freude, denn wer dieses Gericht zubereiten will, braucht alle seine Nachbarn und Verwandten. Es ist so aufwendig, dass jeder dabei helfen muss. Und wenn die Kibbeh fertig sind, werden sie mit allen im Dorf geteilt, auch mit jenen, die nicht helfen konnten, weil sie krank oder alt sind.

Früher, als es noch keinen Fleischwolf gab, hat man die Füllung in einem ausgehöhlten Stein mit einem Holzstößel zubereitet, dem sogenannten Jirin. Es erforderte viel Kraft. Nur die stärksten Frauen im Ort konnten diese Arbeit machen, und selbst die mussten sich abwechseln. Alle kannten das Geräusch vom Stößel, wenn er den Bulgur zerdrückte und ihn mit dem Fleisch vermengte. Schon aus der Ferne erkannten sie das rhythmische Stoßen und Stampfen. Wer immer das hörte, freute sich darüber, denn er wusste, heute wird es Kibbeh geben.

Während die einen die Füllung vorbereiteten, widmeten sich die anderen der Zubereitung des Teiges. Alle saßen zusammen um einen großen Tisch, und jeder hatte irgendetwas zu tun. Oft wurde bei der Zubereitung von Kibbeh gemeinsam gesungen. Schon bei der Zubereitung kommt Freude auf, ja, man sagt in Syrien sogar, man könne dieses Essen nicht kochen, wenn man nicht fröhlich sei. Als mein Onkel gestorben ist, konnte meine Großmutter monatelang keine Kibbeh mehr machen. Sie war viel zu traurig.

Kibbeh ist ein fester Bestandteil der Kultur- und Sozialgeschichte unseres Landes. Es gibt nicht nur eine spezifische Vokabel für das Werkzeug, mit dem man Kibbeh zubereitet, sondern auch für die Handbewegung, mit der man den Teig formt, um ihn später zu befüllen: Kap. Dieses Wort lässt sich nicht übersetzen, es existiert nur in der syrischen Sprache. Kap Kibbeh bedeutet so viel wie ‚Kibbeh formen, Kibbeh herstellen.'

Es heißt, wir hätten in unserem Land 58 verschiedene Arten, Kibbeh zuzubereiten. Man kann sie alle einzeln nachlesen, denn sie wurden eigens dokumentiert. Unser Essen und die Art und Weise, wie wir es herstellen, unsere Beziehung dazu, ja, unser gesamtes diesbezügliches Verhalten sind Teil unserer Geschichte und unserer Identität.

Ein Ort ist in ganz Syrien für die Herstellung seiner vorzüglichen Kibbehs bekannt: Aleppo. Seit Urzeiten kommen von dort die besten Rezepte. Aleppo war auch die wirtschaftlich stärkste Stadt in ganz Mittelasien. Vielleicht hat das eine mit dem anderen zu tun."

Ein Dorf nahe Aleppo, erbaut nach traditioneller syrischer Architektur

Barbique Kibbeh

GEGRILLTER BULGURTEIG MIT SPECK-FLEISCH-FÜLLUNG

„Man kann mit diesem Rezept wie auf dem Foto links auch dickere Kibbeh zubereiten. Dazu braucht man ein entsprechendes Förmchen: Man legt es zuerst mit Frischhaltefolie aus, drückt etwas Teig hinein und befüllt es schließlich mit der Speck-Hack-Mischung. Zuletzt verschließt man das Ganze mit einem Deckel aus Teig und hebt den derart entstandenen Kibbeh mithilfe der Folie vorsichtig aus dem Förmchen. Das Fleischtörtchen brät man genauso auf dem Grill wie die flachen Kibbeh, kann dazu aber keinen Grillkorb verwenden.“

6–8 PERSONEN CA. 80 MIN. ZUBEREITUNG CA. 15 MIN. QUELLZEIT

FÜR DEN TEIG:
500 g weicher Bulgur
1 Zwiebel
etwas abgeriebene Bio-Zitronenschale
10–20 g gemahlener Kreuzkümmel (Cumin; Menge nach Geschmack)
10–20 g edelsüßes Paprikapulver (Menge nach Geschmack)
Salz · Pfeffer aus der Mühle
250 g Rinderhackfleisch
50 g Mehl

FÜR DIE FÜLLUNG:
75 g Zwiebeln
4 EL Sonnenblumenöl
250 g Rinderhackfleisch
Salz · Pfeffer aus der Mühle
1 TL Kibbeh-Gewürz
150 g gehacktes Rinder- oder Lämmernierenfett (Shahmeh)
150 g gehackter Rinderspeck (Dehneh)
1 Granatapfel · 50 g Paprikamark
50 ml Granatapfelsirup
50 g gehackte Walnüsse
1 TL Zimtpulver

Für den Teig den Bulgur in 900 ml Wasser vollständig ausquellen lassen. Inzwischen die Zwiebel schälen und in feine Würfel schneiden. Mit der Zitronenschale und den Gewürzen zum Bulgur geben. Den Teig durch den Fleischwolf drehen. Das Hackfleisch hinzufügen und die Masse ein zweites Mal durch den Wolf drehen. Zuletzt das Mehl über den Teig streuen und das Ganze ein drittes Mal im Wolf zerreiben. Dann den Teig mit angefeuchteten Fingern zu einer dichten Masse kneten.

Für die Füllung die Zwiebeln schälen, in feine Würfel schneiden und im Öl anbraten. Das Hackfleisch dazugeben und krümelig braten. Erst wenn das Fleisch nicht mehr rot ist, mit Salz, Pfeffer und Kibbeh-Gewürz pikant würzen. Das Nierenfett und den Speck ggf. auch durch den Fleischwolf drehen. Die Kerne aus dem Granatapfel lösen (siehe S. 15). Die Pfanne vom Herd nehmen und nacheinander alle weiteren Zutaten untermischen.

Aus dem Teig Fladen von etwa 2 cm Dicke und 15 cm Durchmesser formen: Dazu je eine Portion Teig nehmen, zwischen zwei Lagen Frischhaltefolie legen und mit einem flachen Teller ganz platt drücken. Dann die Folie abziehen. 1 EL Füllung jeweils zwischen 2 Fladen legen und das Ganze an den Rändern rundum verschließen, dazu die Ränder ggf. mit einer Mischung aus Wasser und Speisestärke „verkleben“. Die derart geformten Kibbeh haben in etwa die Form einer großen Frikadelle.

Kibbeh kurz über glühenden (nicht mehr brennenden!) Kohlen grillen. Damit die Füllung nicht entweicht oder die Kibbeh über der Glut zerfallen, kann man sie auch zwischen die Gitter eines Grillkorbs klemmen.

Kibbeh Belsenijeh

GEFÜLLTER BULGURTEIG IM OFEN GEBACKEN

6–8 PERSONEN   CA. 70 MIN. ZUBEREITUNG   CA. 15 MIN. QUELLZEIT   CA. 30 MIN. GARZEIT

FÜR DEN TEIG:
500 g weicher Bulgur
1 Zwiebel
Zesten von 1 Bio-Zitrone
10–20 g gemahlener Kreuzkümmel (Cumin; Menge nach Geschmack)
10–20 g edelsüßes Paprikapulver (Menge nach Geschmack)
Salz
Pfeffer aus der Mühle
250 g Rinderhackfleisch
50 g Mehl

FÜR DIE FÜLLUNG:
1 Zwiebel
50 ml Sonnenblumenöl
25 g Butter
350 g Rinderhackfleisch
10 g Kibbeh-Gewürz
Salz
Pfeffer aus der Mühle
50 g Pinienkerne

AUSSERDEM:
100 g weiche Butter oder Margarine
Granatapfelkerne und griechischer Joghurt zum Servieren

Den Teig und die Füllung wie auf S. 109 beschrieben zubereiten. Backofen auf 250 °C vorheizen. Eine Springform mit 40 g Margarine einfetten.

Den Boden der Form mit der Hälfte des Teiges etwa 2 cm dick auskleiden. In Syrien geht man dabei traditionell folgendermaßen vor: Man nimmt einen flachen Teller, dreht ihn um und bedeckt ihn mit reißfester Frischhaltefolie. Dann legt man eine Handvoll Teig darauf, bedeckt diesen mit einer weiteren Schicht Folie und drückt ihn über dem Tellerboden glatt. Den so entstandenen flachen, etwa 2 cm dicken Fladen legt man auf den Boden der Form und wiederholt den Vorgang. Hat man auf diese Art 3 Fladen gewonnen und alle nebeneinander in die Form gelegt, schiebt man sie zusammen, verbindet die Ränder miteinander und kleidet den Boden wie bei einem Mürbeteig aus. Zum Schluss wird der Teig mit 1 EL Butter oder Margarine bestrichen.

Jetzt die Füllung in die Form geben und gleichmäßig auf dem Teig verteilen. Dann aus dem restlichen Teig eine weitere Schicht herstellen und die Füllung damit bedecken. Die Ränder der Fladen können auch mithilfe einer Wasser-Speisestärke-Mischung zusammengeklebt werden. Den Teigdeckel mit der restlichen Butter oder Margarine bestreichen.

Den Kibbeh mit einem langen Messer kreuzförmig durchschneiden. Das sorgt dafür, dass die Hitze beim Backen entweichen kann und der Teig keine Blasen wirft. Außerdem mittig einen durchgehenden Kreis hineinschneiden. Die dadurch entstandenen Zwischenflächen, parallel zum Kreis, mit kurzen Schnitten versehen. Den Kibbeh im Ofen auf der mittleren Schiene etwa 30 Minuten backen. Herausnehmen und mit Granatapfelkernen bestreut servieren. Den Joghurt dazu reichen.

Kibbeh Mabromeh

GEFÜLLTE BULGURTEIGROLLEN

6–8 PERSONEN CA. 70 MIN. ZUBEREITUNG CA. 15 MIN. QUELLZEIT CA. 30 MIN. GARZEIT

FÜR DEN TEIG:
500 g weicher Bulgur
1 Zwiebel
Zesten von 1 Bio-Zitrone
10–20 g gemahlener Kreuzkümmel (Cumin; Menge nach Geschmack)
10–20 g edelsüßes Paprikapulver (Menge nach Geschmack)
Salz
Pfeffer aus der Mühle
250 g Rinderhackfleisch
50 g Mehl

FÜR DIE FÜLLUNG:
1 Zwiebel
50 ml Sonnenblumenöl
25 g Butter
350 g Rinderhackfleisch
Salz
Pfeffer aus der Mühle
10 g Kibbeh-Gewürz
30 g Pinienkerne
30 g gehackte Walnüsse
30 g gehackte Pistazien

AUSSERDEM:
ca. 60 g weiche Butter

Den Teig und die Füllung wie auf S. 109 beschrieben zubereiten. Den Backofen auf 250 °C vorheizen.

Den Teig in 4 Portionen teilen und mit dem Nudelholz jeweils auf einer Lage Frischhaltefolie zu einem Rechteck (à 40 × 15 cm) ausrollen. Je ein Viertel der Füllung auf jedes Teigstück geben, verstreichen und sie mithilfe der Frischhaltefolie zu einer festen Rolle formen. Die Rollen müssen an den Rändern, auch oben und unten, gut zugedrückt und verschlossen werden. Hilfreich ist dafür eine Mischung aus Wasser und Speisestärke. Die Rollen rundum mit etwas Butter bestreichen.

Eine rechteckige Auflaufform mit der restlichen Butter einfetten und die 4 gefüllten Rollen hineinlegen. Im Ofen auf der mittleren Schiene etwa 30 Minuten backen. Die Form herausholen und die Rollen auskühlen lassen.

Zum Servieren die Rollen in Stücke teilen. Dazu wieder fest in Folie einwickeln, dicke Scheiben davon abschneiden, diese locker nebeneinander in eine flache Schale legen und die Folie wieder abziehen. Vor dem Verzehr die Scheiben in der Mikrowelle erwärmen oder kalt servieren.

Kibbeh Mabromeh mit Käse

GEFÜLLTE KÄSE-BULGUR-ROLLEN

6–8 PERSONEN CA. 70 MIN. ZUBEREITUNG CA. 15 MIN. QUELLZEIT CA. 30 MIN. GARZEIT

FÜR DEN TEIG:
500 g weicher Bulgur
1 Zwiebel
Zesten von 1 Bio-Zitrone
10–20 g gemahlener Kreuzkümmel (Cumin; Menge nach Geschmack)
10–20 g edelsüßes Paprikapulver (Menge nach Geschmack)
Salz
Pfeffer aus der Mühle
250 g Rinderhackfleisch
50 g Mehl

FÜR DIE FÜLLUNG:
1 Zwiebel
50 ml Sonnenblumenöl
25 g Butter
350 g Rinderhackfleisch
Salz
Pfeffer aus der Mühle
10 g Kibbeh-Gewürz
30 g Pinienkerne
30 g gehackte Walnüsse
30 g gehackte Pistazien

AUSSERDEM:
1 Kugel Mozzarella (125 g) oder anderer Käse nach Belieben
60 g weiche Butter

Den Teig und die Füllung wie auf S. 109 beschrieben zubereiten, den Mozzarella in Würfel schneiden. Den Backofen auf 250 °C vorheizen.

Den Teig in 4 Portionen teilen und mit dem Nudelholz jeweils auf einer Lage Frischhaltefolie zu einem Rechteck (à 40 × 15 cm) ausrollen. Je ein Viertel der Füllung auf jedes Teigstück geben und verstreichen.

Je ein Viertel der Käsewürfel darüberstreuen – wichtig ist, dass die Füllung vollständig ausgekühlt ist, damit der Käse nicht gleich schmilzt. Die Teigrechtecke mithilfe der Frischhaltefolie zu festen Rollen formen. Die Rollen müssen an den Rändern, auch oben und unten, gut zugedrückt und verschlossen werden. Hilfreich ist dafür eine Mischung aus Wasser und Speisestärke. Die Rollen rundum mit etwas Butter bestreichen.

Eine rechteckige Backform mit der restlichen Butter einfetten und die 4 gefüllten Rollen hineinlegen. Die Rollen im Ofen auf der mittleren Schiene etwa 30 Minuten backen. Die Form herausholen und die Rollen auskühlen lassen.

Zum Servieren die Rollen in Stücke teilen. Zu diesem Zweck wieder fest in Folie einwickeln, dicke Scheiben davon abschneiden, diese locker nebeneinander in eine flache Schale legen und die Folie wieder abziehen. Vor dem Verzehr die Scheiben kurz in der Mikrowelle aufwärmen oder kalt servieren.

TIPP „Fein dazu schmeckt zarter Blatt- oder Rucolasalat, den ich mit einer Essig-Öl-Vinaigrette mariniere und mit Granatapfelkernen und gehackten Nüssen garniere."

Kibbeh in Joghurt

TEIGTASCHEN IN JOGHURT

„Wem der Joghurtsud zu wenig weiß ist, kann ein paar Löffel frische Sahne unterrühren. Das sorgt zudem für einen besonders feinen Geschmack.“

6–8 PERSONEN   CA. 70 MIN. ZUBEREITUNG   CA. 15 MIN. QUELLZEIT   CA. 10 MIN. GARZEIT

FÜR DEN TEIG:
500 g weicher Bulgur
1 Zwiebel
Zesten von 1 Bio-Zitrone
10–20 g gemahlener Kreuzkümmel (Cumin; Menge nach Geschmack)
10–20 g edelsüßes Paprikapulver (Menge nach Geschmack)
Salz
Pfeffer aus der Mühle
250 g Rinderhackfleisch
50 g Mehl

FÜR DIE FÜLLUNG:
1 Zwiebel
50 ml Sonnenblumenöl
25 g Butter
350 g Rinderhackfleisch
Salz
Pfeffer aus der Mühle
10 g Kibbeh-Gewürz
50 g Pinienkerne

FÜR DEN JOGHURTSUD:
1 EL Speisestärke
1½ kg griechischer Joghurt
Salz
5 g getrocknete Estragonblätter

Den Teig und die Füllung wie auf S. 109 beschrieben zubereiten.

Vom Teig kleine Portionen abtrennen und zu Bällchen formen, in diese mit dem Daumen einen Hohlraum drücken. Die Teigwände sollen zwar dünn sein, dürfen aber keinesfalls reißen. Die Bällchen sollten etwas kleiner sein als bei frittierten Kibbeh (siehe S. 109). In den Hohlraum vorsichtig 1 EL von der Hackfleischfüllung drücken und das Bällchen an der offenen Seite schließen. Dabei den Teig so zusammendrücken, dass sich eine kleine Spitze bildet. Typischerweise hat ein fertiger Kibbeh die Form einer Zwiebel oder einer kleinen Zitrone.

Für den Joghurtsud die Speisestärke mit 75 bis 100 ml Wasser glatt rühren und mit dem Joghurt in einen großen Topf geben. Maximal 1 EL Salz und Estragon hinzufügen und den Sud unter ständigem Rühren aufkochen lassen. Jedes einzelne Kibbeh-Teigbällchen mit einem Zahnstocher mehrfach durchstechen. Dann alle gleichzeitig in den Sud legen und maximal 10 Minuten garen, dabei den Deckel nicht ganz verschließen. Die Kibbeh mit der Joghurtsauce servieren. Nach Belieben mit Zitronenzesten garnieren.

Kosa Belaban

GEFÜLLTE ZUCCHINI IN JOGHURTSAUCE

„Für dieses Rezept benötigt man eigentlich, ähnlich wie bei Mahshy (siehe S. 128), arabische Zucchini. Sie sind – wie auch arabische Auberginen– wesentlich kleiner und kürzer als die europäischen Früchte und haben die Form einer Birne. Will man hiesige Früchte verwenden, muss man kleinere Exemplare auswählen und sie vertikal halbieren. Beim Aushöhlen sollte man darauf achten, dass am Anfang und Ende jedes Stücks ein Rest Fruchtfleisch übrig bleibt, sonst quillt die Füllung an den Seiten heraus."

4 PERSONEN   CA. 15 MIN. ZUBEREITUNG   CA. 25 MIN. GARZEIT

FÜR DIE ZUCCHINI:
1 kg kleine Zucchini (am besten arabische Zucchini, siehe oben)
300 g Rinderhackfleisch
1 l Sonnenblumenöl
40 g Pinienkerne
Salz
Pfeffer aus der Mühle

FÜR DIE SAUCE:
1 EL Speisestärke
1 kg griechischer Joghurt
Salz

AUSSERDEM:
gegarter Langkornreis oder Fladenbrot zum Servieren

Die Zucchini nach Belieben schälen und sorgfältig aushöhlen, Fruchtfleisch anderweitig verwenden. Das Hackfleisch in einer Pfanne in 2 EL Öl krümelig braten. Dann die Pinienkerne hinzufügen und die Masse mit Salz und Pfeffer pikant würzen. Die Zucchini damit befüllen.

Das restliche Öl in einem hohen Topf erhitzen und die gefüllten Zucchini darin portionsweise etwa 7 Minuten frittieren. Wenn sie leicht bräunlich geworden sind, mit dem Schaumlöffel herausheben und in einem Sieb sorgfältig abtropfen lassen.

Für die Sauce die Speisestärke mit etwa 200 ml Wasser glatt rühren, mit dem Joghurt vermischen und mit Salz würzen. In einem Topf erhitzen. Sobald die Sauce kocht, die frittierten Zucchini vorsichtig hineinlegen und bei mittlerer Hitze 10 Minuten garen. Kosa Belaban mit Reis oder Fladenbrot servieren.

Kosa Keshatbeen

GEFÜLLTE ZUCCHINI MIT TOMATENSAUCE AUF JOGHURT

4 PERSONEN   MIND. 12 STD. TROCKENZEIT   CA. 25 MIN. ZUBEREITUNG   CA. 25 MIN. GARZEIT

FÜR DEN JOGHURT:
1 kg griechischer Joghurt
2 Knoblauchzehen
Salz
50 ml Zitronensaft

FÜR DIE ZUCCHINI:
1 kg kleine Zucchini (am besten arabische Zucchini, siehe S. 123)
300 g Rinderhackfleisch
2 EL Sonnenblumenöl
40 g Pinienkerne
Salz
Pfeffer aus der Mühle

FÜR DIE SAUCE:
1 kg Tomaten
2 EL Tomatenmark
Salz
Pfeffer aus der Mühle

AUSSERDEM:
grob gehackte Petersilie (nach Belieben)

Für dieses Gericht muss dem Joghurt sämtliche Flüssigkeit entzogen werden. Dazu den Joghurt am Vortag in ein sauberes Leinentuch geben, ausdrücken und über Nacht in einem Sieb mit einem schweren Gegenstand beschwert in den Kühlschrank legen.

Am nächsten Tag den Knoblauch schälen und in feine Würfel schneiden. Sobald der Joghurt trocken und fest geworden ist, mit dem Knoblauch, 1 TL Salz und dem Zitronensaft mischen.

Die Zucchini waschen und, wie bei Kosa Belaban (siehe S. 123), nach Belieben schälen und aushöhlen oder längs halbieren und aushöhlen. Das Hackfleisch in einer Pfanne im Öl krümelig braten. Dann die Pinienkerne hinzufügen, mit Salz und Pfeffer würzen und die Zucchini mit der Mischung befüllen.

Für die Sauce die Tomaten kreuzweise einritzen, überbrühen, häuten, vierteln und entkernen. Das Fruchtfleisch pürieren und mit dem Tomatenmark in einen großen Topf geben. Mit Salz und Pfeffer würzen, aufkochen, dann die Hitze reduzieren und noch 10 Minuten köcheln lassen, bis die Sauce dickflüssig geworden ist. Dann die gefüllten Zucchini hineinlegen und 15 Minuten fertig garen.

Zum Servieren eine Glasform mit dem festen Joghurt ausstreichen, die gefüllten Zucchini hineinsetzen und die Tomatensauce dazwischengießen. Nach Belieben mit Petersilie bestreuen. Kosa Keshatbeen wird bevorzugt mit Reis serviert.

Lahmeh Bsahen

HACKFLEISCH AUF KARTOFFELSCHEIBEN

„Für dieses Rezept muss das Fleisch fettreich und von exzellenter Qualität sein, denn das Gericht hat kaum weitere Geschmacksträger."

6 PERSONEN CA. 25 MIN. ZUBEREITUNG CA. 30 MIN. GARZEIT

1 kg Hackfleisch (Rind oder Lamm)
Sonnenblumenöl zum Braten
Salz
Pfeffer aus der Mühle
500 g festkochende Kartoffeln
200 g Zwiebeln
500 g Tomaten
1 rote Chili- oder scharfe grüne Paprikaschote (nach Belieben)

Das Hackfleisch in einer Pfanne im Öl krümelig braten und mit Salz und Pfeffer würzen. Die Kartoffeln schälen, waschen, in 1 cm dicke Scheiben schneiden und auf beiden Seiten kurz in Öl anbraten. Die Zwiebeln schälen, in Ringe schneiden und im verbliebenen Bratfett goldgelb anbraten.

Den Backofen auf 200 °C vorheizen. In eine flache Auflaufform oder hitzebeständige Glasschale zuerst die Kartoffelscheiben legen und darüber das Hackfleisch und die Zwiebelringe verteilen. Dann die Tomaten waschen und in Scheiben schneiden, dabei die Stielansätze entfernen. Als dritte Schicht auf das Fleisch legen. Wer gerne scharf isst, kann eine Chili- oder Paprikaschote in Ringe schneiden und diese auf den Tomaten verteilen.

Die Auflaufform mit Alufolie bedecken und den Auflauf im Ofen auf der mittleren Schiene etwa 30 Minuten garen. Sollten die Kartoffeln dann noch nicht gar sein, weitere 10 Minuten im Ofen lassen.

TIPP „Manche mögen es, wenn zu Lahmeh Bsahen eine Sauce gereicht wird. Dann verrühre ich rasch 150 g griechischen Joghurt mit 50 g Tahin, 20 g zerkleinertem Knoblauch, 3 EL Zitronensaft und etwas Salz, und schon habe ich einen passenden Dip. Dazu serviere ich Fladenbrot."

Mahshy

GEFÜLLTE ZUCCHINI MIT REIS UND HACKFLEISCH

„Ich zerreibe Safran einfach zwischen meinen Händen, bis daraus ein gelblich-oranges Pulver geworden ist. Das ist die einfachste Form, um genau die Konsistenz zu erhalten, die ich für meine Rezepte brauche."

4 PERSONEN CA. 20 MIN. ZUBEREITUNG CA. 20 MIN. QUELLZEIT 1–2 STD. GARZEIT

FÜR DIE ZUCCHINI:
250 g runder Reis (Milchreis)
75 g Rinderhackfleisch
15 g ganzer Kreuzkümmel (Cumin)
1 EL Tomatenmark
etwas zerriebener Safran (siehe oben; ersatzweise gemahlene Kurkuma)
4 EL Sonnenblumenöl
Salz
Pfeffer aus der Mühle
1 kg kleine Zucchini (am besten arabische Zucchini, siehe S. 123)

AUSSERDEM:
einige ca. 1 cm dicke Zucchini- oder Auberginenscheiben für den Topf
150 g Tomatenmark
10 g getrocknete, gemahlene Minze
Salz
Pfeffer aus der Mühle
2–3 Knoblauchzehen
1 EL Butter

Für die Zucchini den Reis in heißem Wasser 20 Minuten quellen lassen, dann das Wasser abgießen und den Reis mit dem rohen Hackfleisch, Kreuzkümmel, Tomatenmark, Safran und Öl vermischen. Die Masse mit Salz und Pfeffer würzen.

Die Zucchini nach Belieben schälen und vorsichtig aushöhlen, ohne dass der Rand beschädigt wird. Das Fruchtfleisch anderweitig verwenden. Mit der Hackfleisch-Reis-Masse befüllen. Nicht zu voll füllen, da der Reis beim Kochen nachquillt.

Damit die Zucchini nicht anbrennen, den Topfboden mit Zucchini- oder Auberginenscheiben auslegen. Die gefüllten Zucchini kreisförmig in den Topf stapeln oder legen. Tomatenmark in Wasser auflösen, über die Zucchini gießen, bis alles vollständig mit Flüssigkeit bedeckt ist. Die Minze hinzufügen und alles mit Salz und Pfeffer würzen. Den Knoblauch schälen, klein schneiden und darüberstreuen. Die Butter in Flöckchen darauf verteilen.

Den Topf erhitzen, bis die Sauce langsam zu kochen beginnt. Dann die Hitze wieder reduzieren, den Deckel auflegen und die Zucchini bei schwacher Hitze 1 bis 2 Stunden garen. Mahshy mit oder ohne Sauce servieren.

TIPP „Ich benutze beim Aushöhlen von Gemüse einen langen Spatel, der hierzulande in der Küche kaum Verwendung findet. Ich habe mir extra ein paar Exemplare davon aus meiner Heimat mitgebracht. Der Ausstecher, mit dem das Kerngehäuse aus Äpfeln entfernt wird, ist wesentlich kürzer und eignet sich nicht für Zucchini oder Auberginen. Doch wie ich inzwischen festgestellt habe, kann man den langen Spatel auch hier in den arabischen oder türkischen Geschäften kaufen."

Maklobeh

KOPFÜBER – HACKFLEISCH MIT REIS UND AUBERGINEN

„Um ‚Kopfüber' zuzubereiten, benötigt man drei spezifische Gefäße: einen Topf mit abgerundetem Boden, einen Deckel, mit dem man diesen Topf schließen kann, und eine runde Form, die größer ist als der Topf und gleichzeitig tief genug, damit man das Gericht darin zum Schluss stürzen und servieren kann. Diese Form muss außerdem hitzebeständig sein, denn ‚Kopfüber' wird darin abschließend noch zu Ende gegart."

6–8 PERSONEN CA. 20 MIN. ZUBEREITUNG CA. 40 MIN. GARZEIT

FÜR DAS „KOPFÜBER":
700 g Langkorn-Reis
150 g Rinderhackfleisch
2 EL Sonnenblumenöl
30 g Butter
1 kg Auberginen (ca. 4 Stück)
Salz
Pfeffer aus der Mühle
2 TL Zimtpulver
2 TL arabisches 7-Gewürze-Pulver
2 Brühwürfel (Hühnerbrühe)

AUSSERDEM:
40 g Mandelstifte oder Pinienkerne
1 EL Sonnenblumenöl
griechischer Joghurt zum Servieren

Den Reis in einem Sieb abbrausen, bis das Wasser klar ist, und 10 Minuten in warmem Wasser quellen lassen. Das Hackfleisch in einer Pfanne in 1 EL Öl und Butter krümelig braten. Die Auberginen putzen, schälen, in 2 cm dicke Scheiben schneiden und auf beiden Seiten in Öl anbraten.

Nun die Zutaten nacheinander in den Topf mit dem abgerundeten Boden schichten: zuerst das Hackfleisch, darüber jeweils 1 TL Salz und 1 TL Pfeffer streuen, dann eine Handvoll Reis locker über das Fleisch streuen. Die Hälfte der Auberginen und dann die Hälfte des restlichen Reises hinzufügen. Darüber je 1 TL Salz, Pfeffer, Zimt und 7-Gewürze-Pulver streuen. Darauf die restlichen Auberginen schichten und den übrigen Reis darüber verteilen. Nochmals mit den Gewürzen abschmecken.

Brühwürfel in 1 l heißem Wasser auflösen und in den Topf gießen. Damit die Flüssigkeit auch die unterste Schicht erreichen kann, mit einer langen Gabel vorsichtig an mehreren Stellen in das Gericht hineinstechen. Dann alles zugedeckt bei starker Hitze aufkochen. Nach 10 Minuten die Hitze reduzieren und das Gericht weitere 10 Minuten garen. Inzwischen die Mandeln oder Pinienkerne in einer Pfanne im Öl goldgelb braten.

Jetzt kommt der Moment, der diesem Gericht seinen Namen gegeben hat. Den Topf vom Herd nehmen, den Deckel durch die runde Form ersetzen und den Inhalt kopfüber in die Form stürzen, den Topf dabei darauflassen. Anschließend das Gericht bei mittlerer Hitze noch 20 Minuten garen, bis die restliche Flüssigkeit vollkommen aufgesogen ist. Erst dann den Topf vorsichtig abziehen. In der Form ist nun ein Auflauf aus Reis und Auberginen zu sehen, der von einer Schicht Hackfleisch gekrönt wird. Die gebratenen Mandeln oder Pinienkerne darüberstreuen. „Kopfüber" wird in Syrien mit Joghurt serviert.

Gewürzläden in der sogenannten Weihrauchstraße im Souk al-Hamidiya in der Altstadt von Damaskus

Mnazalet Bazenjan

GEFÜLLTE AUBERGINEN MIT REIS

„Ich liebe dieses Gericht und esse es am liebsten mit Hühnerhackfleisch. Wenn ich es aus dem Ofen hole, streue ich bisweilen noch geröstete Nüsse oder Mandelstifte darüber.
Eine besondere Spezialität ist mein Mnazalet Bazenjan für Vegetarier. Ich ersetze das Fleisch einfach durch eine schmackhafte Füllung aus Zwiebeln und Champignons. Dazu ein wenig Salz und Pfeffer – fertig! Das koche ich gerne abends für meine Familie und mich.“

4 PERSONEN CA. 20 MIN. ZUBEREITUNG CA. 30 MIN. GARZEIT

1 kg kleine Auberginen (ca. 4 Stück)
3 EL Sonnenblumenöl
25 g Butter oder Margarine
75 g Zwiebeln
200 g Hackfleisch (Rind oder Huhn)
Salz
Pfeffer aus der Mühle
30 g Petersilie
2 Brühwürfel (Hühnerbrühe)
gegarter Reis zum Servieren

Die Auberginen nach Belieben schälen und vorsichtig aushöhlen, das Fruchtfleisch anderweitig verwenden. Auberginen in Öl und Butter oder Margarine in einer Pfanne rundum anbraten, wieder herausnehmen.

Die Zwiebeln schälen, in feine Würfel schneiden und mit dem Hackfleisch im verbliebenen Bratfett braten, bis das Hackfleisch krümelig ist. Mit Salz und Pfeffer würzen. Die Petersilie waschen und trocken schütteln, die Blätter abzupfen, klein schneiden und unter das Hackfleisch mischen.

Den Backofen auf 200 °C vorheizen. Jede Aubergine mit einem Viertel der Mischung befüllen und alle nebeneinander in eine hitzebeständige Form legen. Die Brühwürfel in 1 Glas heißem Wasser auflösen und über die Auberginen gießen.

Die Form mit Alufolie bedecken und die Auberginen im Ofen auf der mittleren Schiene etwa 30 Minuten garen. Mnazalet Bazenjan mit Reis servieren.

TIPP „Wer möchte, kann die Auberginen auch der Länge nach halbieren und die Hälften wie oben beschrieben füllen und garen. Fein schmeckt es auch, wenn man unter die Füllung noch Reis mischt, statt ihn getrennt dazu zu servieren, und die gefüllten Auberginen mit einem Mix aus Nüssen und Kernen bestreut.“

Shakriyeh

FLEISCH IN JOGHURTSAUCE

8 PERSONEN   CA. 25 MIN. ZUBEREITUNG   CA. 2 STD. GARZEIT

FÜR DAS FLEISCH:
1 Zwiebel
2 kg Lamm- oder Rindfleisch
6 Kardamomkapseln
1 Zimtstange
3 Lorbeerblätter
10 g Pfefferkörner
6 Gewürznelken

FÜR DIE SAUCE:
1 EL Speisestärke
1 kg griechischer Joghurt
200 g Zwiebeln
3 EL Olivenöl
20 g getrocknete, gemahlene Minze

AUSSERDEM:
gegarter Reis zum Servieren

Für das Fleisch die Zwiebel schälen. Das Fleisch waschen, trocken tupfen und in größere Stücke schneiden. Fleisch mit Kardamom, Zimt, Lorbeer, Pfefferkörnern, Gewürznelken und der Zwiebel in einen Topf geben und 2 l Wasser dazugießen. Bei schwacher Hitze etwa 2 Stunden garen. Den weißen Schaum, der sich beim Kochen bildet, abschöpfen und wegschütten, doch immer darauf achten, dass alle Gewürze im Sud verbleiben.

Für die Sauce die Speisestärke mit 1 Glas kaltem Wasser glatt rühren und mit dem Joghurt vermischen. In einem großen Topf erhitzen und 5 Minuten köcheln lassen.

Die Zwiebeln schälen, in feine Würfel schneiden und in einer Pfanne im Olivenöl goldbraun braten. Mit 2 Gläsern Wasser ablöschen und 15 Minuten köcheln lassen.

Wenn das Fleisch gar ist, herausnehmen, den Sud durch ein Sieb abgießen und aufbewahren. Das Fleisch und 75 ml vom Sud zur Joghurtsauce hinzufügen. Das Wasser von den Zwiebeln in ein Sieb abgießen, die Zwiebeln unter die Joghurtsauce rühren und 5 Minuten ziehen lassen. Mit getrockneter Minze abschmecken. Shakriyeh mit Reis servieren.

Shakriyeh

(REZEPT AUF SEITE 136)

„Shakriyeh reichen wir als erste Hauptspeise beim Zuckerfest, dem Fastenbrechen nach 30 Tagen Ramadan. Der Name klingt wie ein Zauber und steht für Dankbarkeit. Wir wollen uns bei Gott dafür bedanken, dass er uns die Kraft gegeben hat, die Fastenzeit gesund durchzuhalten. Das Gericht wird schon mittags zubereitet und serviert, aber essen können wir es meist erst abends, denn unser Magen ist es noch nicht gewohnt, derart früh wieder zu essen. Schließlich haben wir einen ganzen Monat lang vor dem Sonnenuntergang keinerlei Nahrung zu uns genommen.

Das Weiß der Joghurtsauce steht für Reinheit und Freude. Wir kochen Shakriyeh daher auch zu Beginn unseres neuen Mondjahres oder nach Weihnachten, wenn wir mit den Christen Neujahr feiern. Es ist ein feierliches Essen. Wir kochen es, weil wir glauben, dass es uns reinigt und fröhlich stimmt."

Shawarma

(REZEPT AUF SEITE 141)

„Der Geruch von Shawarma erinnert an die Nächte, in denen ich mit meinen Freunden in Syrien gefeiert habe. Abende, an denen wir fröhlich miteinander durch die Straßen gezogen sind und das Leben genossen haben. Obwohl es immer später wurde, wollten wir nicht nach Hause gehen. Obwohl die Arbeit rief, das Studium oder sogar die Schule, wollten wir keinesfalls ins Bett. Shawarma ist kein gutes Essen für die Nacht, denn es ist schwer, und wer weiß, ob man danach gut schlafen kann, aber das war uns egal. Wir waren übermütig, bestellten uns davon eine Portion, dazu ein Glas Joghurt, und es schmeckte so köstlich, als käme es direkt aus dem Paradies. Shawarma ist eine Geschichte aus Damaskus, die in der Nacht geschrieben wurde.

In meinem Heimatland gibt es ganze Straßen mit Shawarma-Händlern, und das fast in jeder Stadt. Die Händler und auch die Städte konkurrieren miteinander, jeder möchte der bekannteste Verkäufer mit dem besten Shawarma sein. Jede Stadt diejenige, die besonders für ihr Shawarma-Rezept gerühmt wird, aber die köstlichste Variante kommt natürlich aus Damaskus. Dort, in der El Jazmatiya, einer Straße, die übrigens denselben Namen trägt wie meine Familie, gibt es das beste Shawarma. Ein Imbiss reiht sich an den nächsten. Und jeder versucht, seinen Spieß saftiger, reichhaltiger und noch größer als den vom Nachbarn aussehen zu lassen. Ich habe dort schon Spieße gesehen, die einen ganzen Meter dick waren.

In Syrien gibt es sehr unterschiedliche Shawarma-Rezepte. Es wird mit Hühner-, Lamm- oder sogar Rindfleisch hergestellt. Mit der türkischen Herstellungsweise ist das nicht zu vergleichen. Eines aber ist allen syrischen Variationen gemeinsam: die Zutaten Zitrone und Kardamom.

Wer in meiner Heimatstadt Damaskus Shawarma bestellen möchte, braucht dazu zwei besondere Vokabeln: saksikha und kamrha. Die eine bedeutet ‚ölig', die andere ‚knusprig'. Wenn man ‚saksikha' sagt, legt der Verkäufer die fertige Rolle in das Fett, das glänzend und angereichert mit all den schmackhaften Zutaten vom Spieß heruntertropft, und dreht sie kurz darin herum. Wer bei seiner Bestellung ‚kamrha' hinzufügt, für den wird die Rolle anschließend besonders lang im Waffeleisen gebraten, bis sie ganz knusprig ist."

Shawarma

SYRISCHER DÖNER

10–12 STÜCK CA. 35 MIN. ZUBEREITUNG MIND. 12 STD. MARINIERZEIT

FÜR DAS FLEISCH:
700 g Hähnchenbrustfilet
2 TL gemahlener Kardamom
2 TL Zimtpulver
1 TL frisch geriebene Muskatnuss
1 TL Nelkenpulver
2 TL ganzer Kreuzkümmel (Cumin)
2 TL gemahlener Koriander
1 TL gemahlener Ingwer
2 TL Knoblauchpulver
2 TL Zwiebelpulver
Salz
Pfeffer aus der Mühle
4 EL Zitronensaft
3 EL weißer Essig (z.B. Apfelessig)
3 EL griechischer Joghurt
4 EL Olivenöl
Sonnenblumenöl zum Braten

FÜR DIE SAUCE:
5–6 Knoblauchzehen
ca. 200 g Mayonnaise
40 ml Zitronensaft
Pfeffer aus der Mühle

AUSSERDEM:
10–12 Weizentortillas
Salzgurken (in Scheiben oder Streifen)
Granatapfelsirup zum Beträufeln
1 Bio-Zitrone (nach Belieben)

Am Vortag für das Fleisch das Hähnchenbrustfilet waschen, trocken tupfen und in Streifen schneiden. Kardamom, Zimt, Muskatnuss, Nelkenpulver, Kreuzkümmel, Koriander, Ingwer, Knoblauch- und Zwiebelpulver, Salz, Pfeffer, Zitronensaft, Essig, Joghurt und Olivenöl zu einer Marinade verrühren. Die Hähnchenstreifen in der Marinade zugedeckt über Nacht im Kühlschrank ziehen lassen.

Am nächsten Tag das Fleisch portionsweise in einer Pfanne im Öl goldbraun braten. Herausnehmen und warm halten.

Für die Sauce den Knoblauch schälen und in feine Würfel schneiden. Die Mayonnaise mit dem Zitronensaft und dem Knoblauch mischen, mit Pfeffer würzen.

Je 1 Tortillafladen nach Packungsanweisung kurz in einer Pfanne erhitzen und mit etwas Sauce bestreichen. Dann etwas Fleisch und einige Salzgurkenscheiben oder -streifen darauflegen und mit etwas Granatapfelsirup beträufeln. Wer mag, kann auch noch Zitrone dazugeben: Die Zitrone heiß waschen, trocken reiben und samt Schale in sehr kleine Stücke schneiden.

Den Fladen aufrollen, verschließen und im Waffeleisen 2 bis 3 Minuten knusprig backen. Serviert wird Shawarma mit Ayran oder Joghurt.

Warak Enab

GEFÜLLTE WEINBLÄTTER MIT LAMMFLEISCH

4–6 PERSONEN CA. 40 MIN. ZUBEREITUNG CA. 20 MIN. QUELLZEIT 2–3 STD. GARZEIT

FÜR DIE FÜLLUNG:
400 g runder Reis (Milchreis)
150 g Rinderhackfleisch
etwas Safranpulver (ersatzweise gemahlene Kurkuma)
25 ml Sonnenblumenöl
Salz
Pfeffer aus der Mühle

AUSSERDEM:
150 g Weinblätter
1 kg Lammfleisch (aus dem Nacken)
ca. 150 g Knoblauch
75 ml Zitronensaft
25 ml Sonnenblumenöl

Für die Füllung den Reis in heißem Wasser 20 Minuten quellen lassen. Das Wasser abgießen und den Reis zweimal in einem Sieb abbrausen. Den Reis mit dem Hackfleisch, dem Safran und dem Öl verkneten. Mit Salz und Pfeffer würzen.

Je 1 Weinblatt glatt auf den Tisch legen, etwas Füllung auf die Stelle legen, wo der Stiel in das Blatt übergeht. Sorgfältig einrollen, indem man die Blattseiten von rechts und links einschlägt und das Päckchen aufrollt. Nicht zu viel Füllung pro Blatt verwenden!

Das Lammfleisch waschen, trocken tupfen, in Stücke schneiden und unten in einen großen Topf legen. Den Knoblauch ungeschält in die Mitte legen und die Weinblattpäckchen kreisförmig rundum schichten. Mit Wasser aufgießen, bis alles bedeckt ist. Den Zitronensaft und das Öl hinzufügen. Sollten die Weinblätter nicht gesalzen worden sein, kann man das jetzt nachholen. Zum Schluss einen festen Gegenstand, z. B. einen flachen Teller, zum Beschweren darauflegen. Die Weinblätter einmal kurz aufkochen lassen, dann die Hitze reduzieren und das Gericht mit geschlossenem Deckel 2 bis 3 Stunden garen.

Dann den Teller herausnehmen und die Flüssigkeit abgießen, ggf. auffangen und als Getränk dazu reichen. Fleisch und Weinblätter getrennt voneinander servieren oder kopfüber, zuoberst das Fleisch, in eine Form stürzen. Der Knoblauch ist zart und sämig geworden wie Mayonnaise und kann über dem Warak Enab ausgedrückt werden.

Desserts und Gebäck

Aish El Saraya

ARABISCHE CREMESPEISE

6–8 PERSONEN   CA. 25 MIN. ZUBEREITUNG   CA. 3 STD. KÜHLZEIT

600 g Zucker
1 TL Zitronensaft
1 TL gemahlener Kardamom
12 Scheiben Toastbrot
3 Dosen arabische Creme (Kashta; aus dem arabischen Lebensmittelgeschäft)
60 g zerstoßene Pistazien
Honig zum Garnieren

Den Zucker kurz in einer Pfanne erhitzen, rasch mit 300 ml Wasser ablöschen und unter Rühren aufkochen. Der Zucker darf nicht karamellisieren, sonst kann er das Wasser nicht mehr aufnehmen. Dann Zitronensaft und Kardamom unterrühren und den Sirup abkühlen lassen.

Vom Toastbrot die Rinde abschneiden und eine rechteckige Schale mit 6 Scheiben auslegen. Diese mit dem Sirup übergießen und die Schale 10 Minuten in den Kühlschrank stellen.

Dann eine gut 3 cm dicke Schicht arabische Creme darauf verstreichen und mit der Hälfte der Pistazien bestreuen. Den Vorgang mit den restlichen Zutaten wiederholen. Zuletzt den Honig in langen Linien darüberträufeln. Aish El Saraya etwa 3 Stunden im Kühlschrank ziehen lassen.

TIPP „Statt Kashta kann auch Mascarpone verwendet werden, nach Belieben gemischt mit Crème Chantilly (gesüßter Schlagsahne). Die Menge der Creme sollte etwa 1 kg betragen, und die Creme sollte dick und geschmeidig sein. Herkömmliche Schlag- oder Sprühsahne eignet sich nicht, da sie weder den richtigen Geschmack noch die richtige Konsistenz hat.“

Ashtaleyee

MCETKHCREME MIT ZUCKERSIRUP

4 PERSONEN CA. 10 MIN. ZUBEREITUNG CA. 5 MIN. GARZEIT CA. 1 STD. KÜHLZEIT

3 Gläser Milch (ca. 600 ml)
3 EL Speisestärke
2 g Mcetkh (siehe Tipp)
Salz
zerstoßene Pistazien
zum Bestreuen
1 Glas Zucker (ca. 200 g)
1 TL Zitronensaft

Die Milch mit der Speisestärke in einem Topf glatt rühren und kurz aufkochen. Dann die Stücke Mcetkh zerstoßen und mit ½ TL Salz hinzufügen. Auf vier Dessertgläser oder Schälchen verteilen und im Kühlschrank abkühlen lassen. Dann die Pistazien darüberstreuen.

Den Zucker in einem Topf in ½ Glas Wasser und dem Zitronensaft auflösen und kurz aufkochen lassen. Sobald der Sirup abgekühlt ist, tröpfchenweise über die Pistazien träufeln.

TIPP „Mcetkh ist ein orientalisches Gewürz in Form von Kandiszucker, das in jedem arabischen oder türkischen Markt erhältlich ist. Man benötigt davon nur wenige Stückchen."

Attayef Asafery

SÜSS GEFÜLLTE FLADEN

4–6 PERSONEN CA. 50 MIN. ZUBEREITUNG 2 STD. KÜHLZEIT

FÜR DEN SIRUP:
200 g Zucker
max. ½ TL Zitronensaft

FÜR DEN TEIG:
300 g Mehl
1 EL Backpulver
1 TL Zucker

FÜR DIE FÜLLUNG:
2 l Milch
50 ml Essig
75 g Mascarpone
50 g zerstoßene Pistazien

Für den Sirup 75 ml Wasser mit Zucker und Zitronensaft verrühren und kurz aufkochen, dann eindicken und 2 Stunden lang abkühlen lassen. Der Sirup sieht am Ende aus wie klares Wasser und lässt sich mühelos gießen.

Für den Teig rasch 300 ml Wasser mit Mehl, Backpulver und Zucker im Mixer verrühren. Wichtig ist dabei, erst das Wasser und dann die trockenen Zutaten hinzuzufügen. Sollte das Mehl nicht reichen, kann man etwas mehr hinzugeben. Die Konsistenz muss am Ende etwa der eines Pfannkuchenteiges entsprechen.

Dann aus dem Teig flache Fladen mit einem Durchmesser von 5 bis 10 cm backen – sie werden nur von einer Seite ausgebacken. Am besten gelingen sie auf einer Teflonplatte oder in einer sehr flachen Pfanne. Die Fladen sollten nicht in Öl gebraten werden, maximal auf einer sehr heißen Fläche, die zuvor kurz mit Öl besprüht wurde. Während sie garen, bilden sich auf der Oberfläche viele kleine Blasen, die zerspringen. Auf der Unterseite sind die Fladen ganz glatt und leicht gebräunt. Die Fladen 20 Minuten abkühlen lassen, dabei nicht übereinanderstapeln. Mit einem Tuch locker abdecken.

Für die Füllung die Milch mit dem Essig in einem Topf zum Kochen bringen. Wenn die Milch gerinnt, die feste, schaumige Masse abschöpfen und in einem Sieb abtropfen lassen. Wenn die Flüssigkeit vollständig abgetropft ist, die Masse mit Mascarpone verrühren.

Die Fladen zu spitzen Hütchen rollen und mit der Mascarponemischung füllen. Die einzelnen Hütchen auf einem Servierteller so dicht nebeneinanderlegen, dass sie sich gegenseitig abstützen und ein regelmäßiges Muster bilden, z. B. in Form eines Kreises. Zum Schluss die Pistazien darüberstreuen. Zum Servieren den Sirup entweder über die Küchlein träufeln oder in eine Schüssel geben und in die Mitte stellen. So kann jeder seinen gefüllten Fladen selbst in süßen Sirup eintauchen.

Attayef Asafery

(REZEPT AUF SEITE 151)

„Dieses Dessert wurde speziell für Ramadan bestimmt. Für das syrische Original nimmt man nicht Mascarpone, sondern frische Sahne aus Kuh- oder Ziegenmilch. Besonders bekannt für die Produkte aus der Tierwirtschaft ist die Stadt Hama. Von dort kommen der beste Käse und die reichhaltigste Milch. Die Stadt liegt in einer Gegend Syriens, die gutes Weideland aufweist, und zahlreiche Menschen in und um Hama leben von der Landwirtschaft. Sie sind berühmt dafür, dass sie ihre Kühe, Schafe und Ziegen besonders gut behandeln, denn sie glauben, dass sie dann bessere Milch geben. So ist es rund um Hama absolut normal, wenn eine Bauersfrau beim Melken für ihre Kuh ein Lied singt oder ein Bauer mit seinen Tieren spricht, während er sie auf die Weide bringt. Vielleicht ist es auch kein Wunder, dass sich die einzige syrische Universität für Veterinärmedizin in Hama befindet. Dort lieben die Bauern ihre Tiere fast mehr als ihre eigenen Kinder.

Meine eigene Mutter stammt aus Hama, ich bin dort geboren und war von Kindheit an mit diesen Gepflogenheiten vertraut. Als ich klein war und zum ersten Mal im Fernsehen Werbung sah, die westliche Produkte aus der Milchwirtschaft anpries, war es für mich kein Wunder, dass darin ausnahmslos glückliche Kühe gezeigt wurden. Ich war auch nicht erstaunt darüber, dass der französische Schmelzkäse ‚La vache qui rit' eine lachende Kuh in seinem Signet trägt. Der Zusammenhang zwischen glücklichen Tieren und besten Erzeugnissen war für mich vollkommen selbstverständlich. Ich wusste ja, dass die Leute aus Hama für ihre Tiere sogar Lieder singen."

Das Auge isst mit: prachtvolle Auswahl an Süßwaren und Gewürzen in einem Laden in Damaskus

Mhallayeh

TRADITIONELLES SYRISCHES HOCHZEITSDESSERT

4 PERSONEN CA. 10 MIN. ZUBEREITUNG CA. 1 STD. KÜHLZEIT

1 Vanilleschote
3 Gläser Milch (ca. 600 ml)
3 EL Speisestärke
½ Glas Zucker (ca. 100 g)
1 EL Rosenwasser
zerstoßene Pistazien, Mandeln und Kokoschips zum Bestreuen
4 EL Crème Chantilly (gesüßte Schlagsahne; nach Belieben)
4 Kirschen oder ca. 4 EL Granatapfelkerne (nach Belieben)

Die Vanilleschote längs aufschneiden und mit einem spitzen Messer das Mark herauskratzen.

Die Milch und die Speisestärke in einem Topf verrühren und kurz aufkochen lassen. Dann den Zucker, das Rosenwasser und das Vanillemark hinzufügen und noch einmal aufkochen. Das Dessert auf 4 Gläser oder Schälchen verteilen und abkühlen lassen.

Zum Servieren jede Portion mit Pistazien, Mandeln und Kokoschips bestreuen. Nach Belieben jeweils mit 1 Tupfen Crème Chantilly und Kirschen oder Granatapfelkernen dekorieren.

Mhallayeh

(REZEPT AUF SEITE 155)

„Mhallayeh ist unser traditionelles Hochzeitsdessert. Ohne Mhallayeh kann man praktisch nicht heiraten. Viele Gäste sagen im Scherz, sie würden nur zu einer Hochzeit gehen, um zu probieren, ob das Mhallayeh, das dort angeboten wird, gelungen ist.

Es gibt mannigfaltige Möglichkeiten, dieses Dessert herzustellen. Besonders die Verzierung, die Nüsse, die Crème Chantilly und die rote Kirsche können ganz und gar unterschiedlich angeordnet werden. Manche bilden daraus Streifen, manche setzen die Kirsche in die Mitte, manche setzen sie an den Rand. Jede Konditorei hat ihren eigenen Stil, denn früher hat man das Dessert zwar in der Familie selbst zubereitet, doch heute bestellen es die meisten einfach bei ihrem Lieblingskonditor.

Syrische Hochzeiten sind Massenveranstaltungen. Es kommen in der regel mehrere Hundert Verwandte und Bekannte. Entsprechend viele Portionen Mhallayeh müssen bestellt werden. Ich habe in Jordanien geheiratet, wohin ich nach Ausbruch des Krieges geflohen war. Obwohl ich mich fern der Heimat befand, kamen zu meiner Hochzeit allein 150 Gäste. Wenn ich in Damaskus geheiratet hätte, wären es sicher 600 gewesen.

Wer auf einer Reise nach Damaskus Mhallayeh als Spezialität des Landes probieren möchte, kann es im Restaurant bestellen. Wir essen es auch unabhängig von einer Hochzeit und besonders gerne im Winter. Es kostet nicht viel, je nachdem wie reichhaltig die Zutaten sind. Für mich muss es grundsätzlich eine Variation mit aufwendigem Dekor sein. Wenn nicht genügend Nüsse obendrauf sind, esse ich kein Mhallayeh."

Alles, was das Herz begehrt: Von köstlicher Patisserie bis hin zu traditionellen Kupferwaren – in den Souks von Damaskus wurden Einheimische wie Touristen immer fündig

Baklawah

BLÄTTERTEIGGEBÄCK MIT PISTAZIEN

„Die Herstellung von Blätterteig ist so aufwendig, dass man ihn am besten fertig in türkischen oder arabischen Läden oder auf Märkten kauft. Er wird in festen Paketen angeboten, und die einzelnen Lagen darin haben gleich das richtige Format.“

CA. 20 STÜCK CA. 1 STD. ZUBEREITUNG CA. 2 STD. KÜHLZEIT CA. 25 MIN. BACKZEIT

FÜR DEN SIRUP:
300 g Zucker
½ TL Zitronensaft

AUSSERDEM:
150 g weiche Butter oder Margarine
500 g Blätterteig (aus dem türkischen oder arabischen Lebensmittelladen)
500 g zerstoßene Pistazien
700 g Zucker
1 EL Rosenwasser

Für den Sirup 125 ml Wasser mit dem Zucker und dem Zitronensaft verrühren und kurz aufkochen, dann eindicken und 2 Stunden abkühlen lassen. Der Sirup sieht am Ende aus wie klares Wasser und lässt sich mühelos gießen.

Eine flache, rechteckige Auflaufform (etwa 40 × 30 cm) mit etwas Butter oder Margarine einfetten. Langsam vom Blätterteig die erste Lage abziehen und vorsichtig in die Form legen, sodass er ein wenig über den Rand der Form herausragt. Da er sehr dünn ist, muss man aufpassen, dass der Teig nicht reißt. Die restliche Butter oder Margarine in einem kleinen Topf zerlassen und den Blätterteig mit etwas Butter oder Margarine einpinseln. Darüber eine weitere Lage Teig legen und auch diese vorsichtig mit Butter oder Margarine bestreichen. So lange wiederholen, bis 10 Schichten übereinanderliegen.

Für die süße Zwischenschicht die Pistazien, den Zucker, 50 ml Sirup und das Rosenwasser mischen, sodass eine feste Masse entsteht. Die Pistazien saugen die Flüssigkeit auf und werden dadurch weich. Die Masse auf der obersten Lage Blätterteig verteilen. Dann wieder 10 Lagen Blätterteig, die jeweils mit Butter oder Margarine bestrichen werden, in die Form schichten. Auch die letzte Schicht mit Butter oder Margarine bestreichen. Den Teig, der über den Rand der Form hinausragt, sorgfältig aufrollen und mit in die Form hineindrücken. Das Ganze etwa 10 Minuten ruhen lassen.

Inzwischen den Backofen auf 180 bis 200 °C vorheizen. Das Baklawah vorsichtig mit einem langen Messer in kleine Quadrate schneiden und im Ofen auf der mittleren Schiene etwa 25 Minuten goldbraun backen. Aus dem Ofen nehmen und den restlichen Zuckersirup über das heiße Gebäck gießen. Das Baklawah vor dem Servieren abkühlen lassen.

Hareesetjozelhind

GRIESSKUCHEN MIT MOHN

CA. 12 STÜCK   CA. 15 MIN. ZUBEREITUNG   CA. 1 STD. ZIEHZEIT   CA. 40 MIN. BACKZEIT

FÜR DEN KUCHEN:
2 Gläser Grieß
½ Glas Mehl
1 Glas Blaumohn
2 Eier
1 Glas Naturjoghurt
½ Glas Milch
1 Glas Zucker
1 TL Vanillezucker
1 TL Backpulver
½ TL Natron
Saft von ½ Orange
1 TL Zimtpulver
2 EL Tahin (Sesampaste)

FÜR DEN SIRUP:
1 Glas Zucker
1 TL Zitronensaft

AUSSERDEM:
zerstoßene Pistazien zum Bestreuen
Mascarpone und Heidelbeeren zum Garnieren (nach Belieben)

Für den Kuchen Grieß, Mehl, Mohn, Eier, Joghurt, Milch, ½ Glas Wasser, Zucker, Vanillezucker, Backpulver, Natron, Orangensaft und Zimt verrühren und 1 Stunde ziehen lassen.

Den Backofen auf 200 °C vorheizen. Eine flache, rechteckige Auflaufform mit Tahin ausstreichen. Die Grießmasse in die Form gießen und im Ofen auf der mittleren Schiene etwa 40 Minuten backen.

Für den Sirup den Zucker in einem Topf in ½ Glas Wasser und dem Zitronensaft auflösen, kurz aufkochen lassen und dann zur Seite stellen, damit er abkühlen kann.

Grießkuchen aus dem Ofen nehmen, kurz abkühlen lassen und in Quadrate schneiden. Auf jedes Quadrat etwas von den zerstoßenen Pistazien streuen und mit abgekühltem Sirup beträufeln. Da der Kuchen noch warm ist, saugt er den Sirup gut auf. Nach Wunsch mit je 1 Klecks Mascarpone und Heidelbeeren servieren.

TIPP „Ich liebe dieses Rezept, weil man für die Zubereitung keine Küchenwaage benötigt, sondern lediglich ein Glas mit etwa 200 ml Fassungsvermögen. So ist der Teig ganz schnell gerührt."

Satati

SÜSS GEFÜLLTE, FRITTIERTE FLADENTASCHEN

4–6 PERSONEN CA. 1 STD. ZUBEREITUNG CA. 2 STD. KÜHLZEIT

FÜR DEN SIRUP:
200 g Zucker
½ TL Zitronensaft

FÜR DEN TEIG:
300 g Mehl
1 EL Backpulver
1 TL Zucker

FÜR DIE FÜLLUNG:
2 l Milch
50 ml Essig
75 g Mascarpone

AUSSERDEM:
1 l Sonnenblumenöl zum Frittieren
zerstoßene Pistazienkerne
(nach Belieben)

Für den Sirup in einem Topf 75 ml Wasser mit dem Zucker und dem Zitronensaft verrühren und kurz aufkochen, dann eindicken und 2 Stunden abkühlen lassen.

Den Teig wie auf S. 151 beschrieben zubereiten und zu 4 Fladen (à etwa 10 cm Durchmesser) backen.

Für die Füllung in einem Topf die Milch mit dem Essig aufkochen. Wenn die Milch gerinnt, die feste, schaumige Masse abschöpfen und in einem Sieb abtropfen lassen. Wenn die Flüssigkeit vollständig abgetropft ist, die Masse mit Mascarpone verrühren.

Auf jeden Fladen eine Portion Füllung geben, den Fladen einmal in der Mitte zusammenklappen und an den Rändern fest zusammendrücken – die Form ähnelt der eines Halbmonds. Das Öl in einem hohen Topf erhitzen und die Fladentaschen darin portionsweise goldbraun frittieren. Herausheben und auf Küchenpapier abtropfen lassen.

Die Satati auf einer Platte anrichten und nach Belieben mit zerstoßenen Pistazien bestreuen. Den Sirup extra dazu servieren, dann kann jeder seinen gefüllten Fladen kurz hineintauchen, bevor er ihn genießt.

Sayyalat

KUCHEN AUS SÜSSEN FLADEN

4–6 PERSONEN   CA. 40 MIN. ZUBEREITUNG   CA. 2 STD. KÜHLZEIT

FÜR DEN SIRUP:
200 g Zucker
½ TL Zitronensaft

FÜR DEN TEIG:
300 g Mehl
1 EL Backpulver
1 TL Zucker

FÜR DIE FÜLLUNG:
15 g Zimtpulver
10 g gemahlener Fenchel
10 g gemahlener Anis
75 g gehackte Walnüsse
50 g Kokosraspel (grob oder fein)
75 g Zucker

Sirup und Teig wie auf S. 151 beschrieben zubereiten, dabei aus dem Teig 3 große Fladen backen.

Für die Füllung in einer kleinen Schüssel Zimt, Fenchel, Anis, Walnüsse, Kokosraspel und Zucker mischen.

Den ersten Fladen auf einen flachen Teller legen und mit einem Drittel der Füllung bestreuen. Den zweiten Fladen darauflegen, sanft festdrücken und mit der Hälfte der restlichen Füllung bestreuen. Dann mit dem dritten Fladen belegen und diesen mit der übrigen Füllung bestreuen.

Zum Schluss den Sirup darübergießen und den entstandenen Kuchen in Stücke teilen.

TIPP „Man kann den Sirup auch in einer Schale servieren und die Stücke vor dem Verzehr einzeln darin eintauchen.“

Sayyalat

(REZEPT AUF SEITE 165)

„Dieses Dessert kommt aus Hama, der Heimatstadt meiner Mutter. Es ist köstlich, aber so schwer und reichhaltig, dass wir es nicht während des Ramadans essen. Hama existiert schon seit Hunderten von Jahren, allein die hohen Wasserschöpfräder, die sich dort am Fluss Orontes befinden, erzählen von der langen Geschichte dieser Stadt.

Inzwischen ist Hama zu einer Millionenstadt gewachsen, doch eigentlich ist es dort immer noch wie auf dem Dorf, und die Bewohner haben sich ihre Ursprünglichkeit erhalten. Jeder kennt jeden. Das meine ich wirklich buchstäblich: Wer immer aus Hama kommt, wird jeden aus Hama erkennen, selbst wenn er ihn erst nach Jahren und an einem ganz anderen Ort der Welt wiedersieht. Trotz des Krieges glaube ich, dass Hama im Kern gut ist. Die Beziehung zwischen den Menschen, ihre Freundlichkeit untereinander, nicht zuletzt der umsichtige Umgang mit den Nutztieren, die gute Milch und der ausgezeichnete Käse, den wir von dort kennen, sind Beweis genug dafür. An all das muss ich denken, wenn ich Sayyalat zubereite und mich daran erinnere, wie gerne dieses Dessert bei uns zu Hause gegessen wird.“

Tmarekaek

(REZEPT AUF SEITE 169)

„Die syrischen Crêpes Tmarekaek sind eine typische Spezialität aus Damaskus. Das Rezept wurde uns aus der Umgebung der Stadt überliefert. Es ist mindestens 200 Jahre alt. Wir essen die Crêpes besonders gerne im Winter, denn sie geben uns viel Energie. Tmarekaek sind zudem ein beliebtes Streetfood und werden das ganze Jahr über direkt vom Fahrrad aus verkauft. Fast in jeder Straße von Damaskus kann man solch ein Tmarekaek-Rad sehen.“

Tmarekaek

CRÊPES AUS DAMASKUS

4 PERSONEN   CA. 30 MIN. ZUBEREITUNG

FÜR DEN TEIG:
2 Gläser Mehl (ca. 400 g)
¼ Glas Sonnenblumenöl (ca. 50 ml)
1 TL Zucker
½ TL Salz

FÜR DIE FÜLLUNG:
50 ml Dattelsirup
30 g Tahin (Sesampaste)
20 g helle Sesamsamen
40 g Puderzucker
500 g Bananen (in Scheiben; nach Belieben)

AUSSERDEM:
Sonnenblumenöl zum Ausbacken und Bestreichen
Tahin und Dattelsirup zum Beträufeln
helle Sesamsamen zum Bestreuen (nach Belieben)

Für den Teig Mehl mit 1 Glas Wasser (etwa 200 ml), Öl, Zucker und Salz rasch verkneten. Mit Frischhaltefolie zudecken und 5 Minuten gehen lassen. Dann in 8 bis 10 tischtennisballgroße Kugeln zerteilen.

Jede Kugel dünn ausrollen und in einer Pfanne in wenig Öl auf beiden Seiten ausbacken. Dann beidseitig mit Öl einstreichen, auf einem Teller stapeln und mit Folie abdecken. Wichtig ist, dass die Crêpes weich und feucht bleiben und keinesfalls austrocknen.

Für die Füllung Dattelsirup, Tahin und Sesamsamen in einer Schüssel mischen. Jede Crêpe mit etwas Füllung bestreichen und Puderzucker darüberstäuben. Nach Belieben mit Bananenscheiben belegen.

Die Crêpes aufrollen oder wie Päckchen zusammenfalten und die Tmarekaek alle zusammen in einer flachen Schale anrichten. Zur Dekoration in langen Fäden kreuzweise Tahin und Dattelsirup darüberträufeln und nach Belieben Sesamsamen darüberstreuen.

Malakeh,

DIE BOTSCHAFTERIN AUS DEM LAND DES JASMINS

Ganz vorn anzufangen, ist nicht einfach. Vor allem dann nicht, wenn man es immer wieder machen muss wie Malakeh, die eines Tages mit Rosen begrüßt von ihrem Mann und von Freunden am Flughafen in Berlin abgeholt wurde. Dabei hatte sie schwere Koffer voller Gewürze und Spezialitäten aus ihrer Heimat. Kurz darauf stapelten sich die leeren Koffer vor der Tür ihres Zimmers, das sie mit ihrem Mann teilte, und ein neuer Duft wehte durchs Gemeinschaftshaus.

Wie kann man nur so viel Essen mitbringen?, fragte ich mich, wenn man doch zwei Straßen weiter in der Sonnenallee in Berlin-Neukölln alles von arabischen Händlern bekommen kann?

Malakeh hob nur die Augenbrauen und lachte. „Ach! Du hast keine Ahnung! Ich weiß, wo es das Beste gibt von …" und es folgte eine Liste von Zutaten, die es nur hier und da, in diesem Dorf, aus dieser Gegend und nur da so gab, damit es wirklich schmeckte. Malakeh wedelte jetzt mit den Armen und sah mich ernst an. Ich hatte offensichtlich keine Ahnung, ich armer kulinarischer Barbar aus dem Abendland!

Spätestens da wurde mir klar, dass wir in Europa nicht nur mit talentierten und schönen Menschen beschenkt wurden, die hierherfliehen mussten, sondern auch mit einem kulturellen Reichtum, vor allem einem, den man essen kann! Ganz nach meinem Geschmack.

Malakeh, die Botschafterin aus dem Land des Jasmins, legte los, und wir wurden ihre glücklichen Testesser, wenn sie wieder eines der vielen neuen Gerichte vorbereitet hatte. Manchmal klopfte sie noch spät am Abend an der Tür, um uns Essen zu bringen, damit wir schön rund und glücklich werden konnten. Mein Traum! Ich koche gerne, aber noch lieber esse ich, und mit Malakehs Gerichten und ihrer Liebe und harten Arbeit kamen wir wieder unserem gemeinsamen

Authentic

Traum näher, unserem Sharehaus, der „Werkstatt für Himmlische Gesellschaft". Eine Werkstatt für den Himmel auf Erden kann harte Arbeit sein, so wie es für Malakeh hart war, anzukommen und sich an das neue Leben zu gewöhnen.

> *Aber Malakeh kam wie so viele andere mit einem Reichtum und einer Leidenschaft fürs Leben, die wir dringend nötig haben.*

Unser Traum von einem Sharehaus begann vor vielen Jahren in einem sehr bunten, kulturell reichen Südafrika, als meine Frau Elke und ich uns wünschten, dass jeder Mensch in seinen gottgegebenen Talenten und Fähigkeiten gefördert werden sollte und wir alle in wertschätzender Gemeinschaft auf Augenhöhe leben können. Jahre später starteten wir mit der Berliner Stadtmission ein Sharehaus, genannt „Refugio", um mit Geflüchteten und Einheimischen zusammenzuleben und zusammenzuarbeiten. Das war im Sommer 2015, und der Erfolg gab uns recht! Ich weiß nicht, wie oft wir und vor allem Malakeh vor der Kamera standen, aber eines war klar:

> *Menschen verschiedenster Kulturen, Religionen und Herkunft können gemeinsam reich sein und mit ihren neuen Nachbarn in Frieden leben. Es ist nicht immer einfach, aber es ist möglich. Das hat das „Refugio" bewiesen.*

Über ein Jahr nach unserem Start wirbelt Malakeh durch unsere neue Cateringküche, probiert aus einem Topf, befiehlt mir, etwas zu probieren. „Hier noch was!", „Achtung, noch heiß!", „Ist das gut so?" Im Kinderwagen liegt ihr erstes Baby, ihr Sohn Hasan, und schaut zufrieden in seine neue Welt. Eine Welt, die voller kostbarer Gerüche und Geschmäcker ist, voller Geschichten und Begegnungen, die ihn und mich und viele mehr reich machen. Dafür bin ich sehr dankbar … Und, wenn ich ehrlich bin, schon wieder hungrig. Mal sehen, wo im Haus Malakeh gerade kocht. Malakeh! Ach, hier bist du. Was? Klar, kann ich dein neues Gericht probieren!

Sven Lager
Mitbegründer von Sharehaus.net

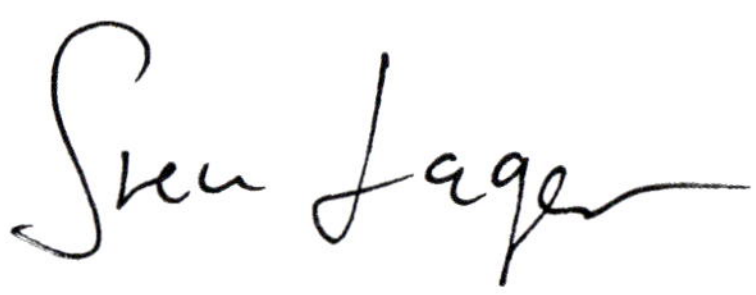

WELCOME
REFUGIO

AKAWI

Der Salzlakenkäse Akawi hat seinen Ursprung in der Region um Palästina, ist aber mittlerweile im gesamten Mittleren Osten verbreitet. Die (Kuh-)Milch wird pasteurisiert, dickgelegt, geschnitten und in Formen gefüllt. Ist die Molke abgelaufen, wird der Käse in Salzlake eingelegt. Seine weiche Konsistenz erinnert an Feta, er schmeckt mild und leicht salzig. Erhältlich ist Akawi in orientalischen Lebensmittelläden.

BULGUR

Der Weizenschrot wird vor allem aus Hartweizen hergestellt. Hartweizengrieß wird eingeweicht, mit Dampf gegart und dann in unterschiedliche Feinheitsgrade (von fein bis grob) gemahlen. Bulgur ist aus unserer Küche nicht wegzudenken und Hauptzutat in Kibbeh.

GEWÜRZE

Viele der von mir verwendeten Gewürze gibt es in Supermärkten oder Gewürzläden, z.B. *Piment*, *Kreuzkümmel (Cumin)*, *Kardamom(kapseln)*, *Paprikapulver* und *Safranfäden*. Und dann nutze ich noch ein paar besondere Gewürze, die Sie aber in türkischen oder arabischen (orientalischen) Lebensmittelläden oder im Onlinehandel finden können:

SUMACH

Die roten Früchte der Sumachpflanze werden getrocknet und geschrotet oder pulverisiert. Sumach schmeckt fruchtig, leicht herb, mit einer angenehmen Säure und verfeinert Dressings, aber auch Schmor- und Fischgerichte, Bohnen und Reis.

BAHARAT-GEWÜRZ

Baharat bedeutet schlicht „Gewürze"; je nach Region gibt es unterschiedliche Rezepturen mit zahlreichen Einzelgewürzen. Der wunderbare Duft der Mischung erinnert mich an meine Heimat. Damit verfeinere ich meine Linsensuppe, es passt aber auch zu Lammfleisch, Kartoffeln, Gemüse und Couscous.

7-GEWÜRZE-PULVER

Diese Gewürzmischung ähnelt Baharat, ist aber auf nur sieben Zutaten reduziert; darunter oft Pfeffer, Piment, Bockshornklee, Nelken, Muskat, Zimt, Ingwer, Basilikum ... Die arabische Würzmischung passt zu Hackfleischgerichten, zu Fisch und Couscous.

KIBBEH-GEWÜRZ

Kibbeh gehört zu den beliebtesten Speisen meiner Heimat. So ist es nicht verwunderlich, dass es dafür auch eine spezielle Gewürzmischung gibt, die nicht fest definiert ist. Kreuzkümmel (Cumin), schwarzer Pfeffer oder Cayennepfeffer, Paprikapulver, Zimt, Gewürznelken, Majoran, getrocknete Rosenblätter und vieles mehr werden bunt gemischt und sorgen dafür, dass die Hackbällchen immer wieder ein klein wenig anders schmecken.

GETROCKNETE ROSENBLÄTTER

Die zerriebenen Blütenblätter finden Sie in Orientläden und Onlineshops. Sie verleihen nicht nur Bulgur mit Lamm ein blumiges Aroma, sondern auch Reis- und Gemüsegerichten, Desserts und Gebäck. Vorsichtig dosieren, sie schmecken sehr intensiv!

GRANATAPFEL(SIRUP)

Wie die süßsauren Kerne des Granatapfels ist auch Granatapfelsirup eine wichtige Zutat in vielen meiner Rezepte. Fleisch- und Bulgurgerichte, Dressings und Desserts werden mit der feinsäuerlichen Würzsauce verfeinert. Granatapfelsirup aus 100 % Granatapfelkonzentrat finden Sie in arabischen Lebensmittelläden und Onlineshops. Zu Hause kühl (am besten im Kühlschrank) und dunkel aufbewahren.

JOGHURT

Original arabischen Joghurt konnte ich hierzulande noch nirgends entdecken, daher verwende ich griechischen Joghurt, der eine gute Alternative ist. Er ist fetthaltig, cremig und hat ein feinsäuerliches Aroma.

In türkischen Lebensmittelläden finden Sie zudem stichfesten türkischen Joghurt (10 % Fett), den Sie ebenfalls nehmen können.

KRÄUTER

Wer an die orientalische Küche denkt, denkt zuerst an *Minze*. Das aromatisch duftende Kraut verfeinert Joghurt(saucen), Salate, Reis, passt zu Erbsen, Auberginen und Zucchini und verleiht Süßspeisen einen Hauch Frische. *Petersilie* spielt eine ebenso wichtige Rolle, denn was wäre Tabouleh ohne sie? *Koriander* ist nicht jedermanns Geschmack, aber das intensiv würzige Kraut zählt zu den ältesten bekannten Küchenkräutern der Welt. Ich würze damit am liebsten Kartoffel-, Linsen- und Gemüsegerichte. Wenn Sie frische Kräuter nicht sofort verbrauchen, können Sie sie, in feuchtes Küchenpapier eingewickelt, kurze Zeit im Kühlschrank lagern.

LINSEN

Die eiweißreichen Hülsenfrüchte sind wie Bulgur ein unverzichtbarer Bestandteil der syrischen Küche. Ich verwende für meine Rezepte meist rote oder braune Linsen, wobei die braunen Linsen mindestens drei Stunden vorher eingeweicht werden müssen. Rote Linsen (wie übrigens auch gelbe) sind bereits geschält und können sofort in den Kochtopf.

PAPRIKAMARK

Paprikamark ist eine aus Paprika hergestellte konzentrierte Würzpaste, die nur noch Salz enthält. Es gibt sie als scharfe und milde Variante. Ich bevorzuge das milde, leicht süß schmeckende Mark. Beide Sorten finden Sie in türkischen und arabischen Lebensmittelgeschäften.

PISTAZIEN & CO.

Nüsse und Samen habe ich immer in meinen Vorräten. Die Region um Aleppo ist berühmt für ihre *Pistazien* („Alepponuss"), umso wertvoller ist für mich ihre Verwendung. Auch mit *Walnüssen, Mandeln* und *Pinienkernen* koche ich sehr gerne. Nicht nur, weil sie schön knackig sind, sondern auch sehr gesund. So verfeinern die kleinen Samen der kultivierten Pinie ebenso wie Mandeln Hackfleisch, Reis und Nachspeisen. Walnüsse streue ich gerne über Salate und Desserts. Nüsse lagern Sie am besten gut verschlossen an einem kühlen, dunklen Ort; die etwas empfindlicheren Pinienkerne im Kühlschrank.

ROSENWASSER

Die Heimat des zart duftenden Blütenwassers liegt im arabischen, persischen und indischen Raum. Rosenwasser entsteht als Nebenprodukt bei der Wasserdampfdestillation von Rosenblüten – das Rosenblütenöl schwimmt als dünne Schicht auf dem Rosenwasser. In der syrischen Küche nutzen wir die blumige Note, um damit Desserts und Gebäck zu aromatisieren. Sie bekommen es im arabischen Lebensmittelladen und Onlineshop, manchmal kann man es auch in Apotheken bestellen. Achten Sie darauf, dass das Rosenwasser zum Kochen und Backen geeignet ist. Gut verschlossen, ist es im Küchenschrank etwa ein Jahr lang haltbar.

SYRISCHER ZOPFKÄSE

Die Herstellung des Zopfkäses, der, wie sein Name verrät, oft zu einem Zopf geflochten wird, ist sehr aufwendig. Meine Mutter hat die Mühen nie gescheut, aber man bekommt den zart salzig schmeckenden syrischen (auch türkischen) Zopfkäse im orientalischen oder türkischen Lebensmittelhandel.

TAHIN

Das nussig schmeckende Mus wird aus gemahlenen Sesamsamen hergestellt. Ich verwende es für Hummus, zum Verfeinern von Gemüse- und Hackgerichten, aber auch als Zutat in Kuchen. Das Sesammus sollten Sie kühl und dunkel aufbewahren. Setzt sich das Öl oben ab, Mus einfach einmal gut durchrühren. Tahin bekommen Sie außer in türkischen und arabischen Läden auch in Bioläden und Supermärkten.

LESENSWERTES

HINWEIS

Die syrische Küche ist eine sehr gewürzintensive Küche. Die in den Rezepten verwendeten Gewürzmengen können je nach persönlichem Geschmack bzw. persönlicher Vorliebe variiert werden.

Meine Botschaft

Wenn du Stille, Worte, Hunger, Kälte und Verluste fürchtest, wenn Nachrichten vom Tod Normalität werden, wenn immer mehr Familienmitglieder und Freunde vermisst werden, entführt oder getötet wurden, wenn Menschen alles verkaufen, was sie besaßen, und ihr Leben riskieren, um aus ihrem Zuhause zu fliehen, dann ist Krieg.

Nichts und niemand kann exakt wiedergeben, was ich beschreibe, kein Bild und kein Film. Nur in unserem Gedächtnis bleiben die Erinnerungen bewahrt. Vielleicht wird jemand in der Zukunft versuchen, diese Erinnerungen auszulöschen.

Als ich Damaskus verließ, war meine Trauer größer als meine Träume. Aber Hoffnung ist das, was uns am Leben hält und uns dazu bringt, etwas Positives zu schaffen gegen den Tod. Ich kann es nicht ertragen, fern von meiner geliebten Stadt zu sein. Aus diesem Grund habe ich jedes einzelne Detail in meinem Gedächtnis bewahrt und ich bin für jedes Detail mehr als dankbar. Dankbar dafür, selbst die kleinste und gewöhnlichste Erinnerung wie Wasser aus einem Fluss trinken zu können.

Nicht einmal die kleinste Straße von Damaskus ist mit irgendeiner anderen Stadt auf dieser Welt zu vergleichen. Selbst der schönste Palast ist nichts gegen die schäbigste Hütte in Damaskus.

Doch heute ist mein Land nicht mehr das Land, das ich so liebe. Inzwischen wird dort viele Male am Tag getötet. Der Himmel ist nicht blau, sondern voller Wolken und Smog vom Krieg. Wir bewässern das Land nicht mit Wasser, sondern mit unserem eigenen Blut.

Ich möchte das Erbe meines Landes weitergeben. In meinen Adern fließt Jasmin. Dieser Jasmin treibt mich an, der Welt mitzuteilen, dass mein Land ein Land des Friedens, der Liebe und Schönheit ist. Aber der Präsident hat unser Paradies durch die Hölle ersetzt.

Und obwohl ich so tief verletzt bin, trage ich mein Leben weiter und lächle der Zukunft entgegen.

Ich danke meinem Vater, der mich die Kunst lehrte zu leben und der den Glauben an mich selbst in mir pflanzte. Möge Allah ihm gnädig sein.

Ich danke dem Land, das wie Blut durch meine Adern fließt, dem Berg Quasioun in Damaskus, dem Fluss Orontes in Hama, der Burg von Aleppo, dem Meer von Latakia, der Wüste von Palmyra, dem Land, das in uns lebt und das wir verlassen mussten, das uns aber nie verlassen wird, was auch immer geschieht.

Ich danke der Stadt Damaskus, ihren Mauern, ihren alten Gassen und dem Wasser, das anders ist als alle Wasser. Ich danke dem verwundeten Syrien.

Ich danke meiner ersten Köchin, die mein Leben mit Zucker gefüllt und auch für das nötige Salz gesorgt hat: meiner geliebten Mutter.

Ich danke dem Land, das uns bewahrt, ohne etwas über uns zu wissen: Deutschland. Alles, was wir darüber wissen, ist Güte.

Ich danke einem außergewöhnlichen Mann, der mich nie verlassen hat, als wäre er mein eigener Schatten. Er hat sich vor mich gestellt, um mich gebührend zu präsentieren, er hat sich neben mich gestellt, um mich im Erfolg zu unterstützen, und er steht hinter mir, um mich zu beschützen. Ich danke meinem Freund, meinem allerschönsten Ehemann.

Ich widme dieses Buch allen, die mich lieben, allen, die mich unterstützen, allen, die mich täglich mit Liebe überschütten. Mein Erfolg ist das Resultat dieser Liebe.

Danke

MALAKEH JAZMATI

In Syrien war Malakeh Jazmati ein gefeierter TV-Star. Das Publikum liebte ihre Kochshow bei einem jordanischen, Assad-kritischen Fernsehsender, wo sie mit Prominenten kochte und mit ihnen über Politik und Kultur plauderte. „Malakeh" bedeutet im Syrischen „Königin", und so nannten ihre Fans sie „Königin der Kochkunst". Nachdem ihr Mann Mohammed 2014 aus der Heimat geflohen war, folgte sie ihm rund ein Jahr später auf Umwegen nach. Heute lebt die junge Familie mit Baby im Berliner Gemeinschaftshaus „Refugio" und betreibt den Cateringservice Levante Gourmet (Levante.Gourmet@gmail.com). „Wir mögen einander in vielen Dingen zunächst einmal fremd sein, aber die Sprache des Essens ist universell", lautet Malakehs Credo.

CHRISTINE VON BRÜHL

Christine von Brühl wurde 1962 in Accra/Ghana geboren und ist in London, Brüssel, Bonn und Singapur aufgewachsen. Nach dem Studium zog sie nach Dresden und schrieb unter anderem für die „Sächsische Zeitung“, „Das Magazin“ und „Die Zeit“. Erschienen sind von ihr unzählige Sachbücher, Bildbände und Reiseführer wie auch die „Gebrauchsanweisung für Dresden“. Seit 2002 lebt sie als freie Autorin mit ihrer Familie in Berlin. Durch die monatelange Zusammenarbeit mit Malakeh Jazmati hat sie viele neue Erfahrungen rund um die orientalische Kultur und Küche gewonnen.

BILDNACHWEIS

Umschlagmotiv: gettyimages/Bartosz Hadyniak
Moodbilder Innenteil (alle Motive von mauritius images): S. 6/107/132–133: John Warburton-Lee; S. 19: Urs Flüeler; S. 23: Marco Brivio; S. 35 oben: robertharding/Christian Kober; S. 35 unten/S. 111 unten: age/Ivan Vdovin; S. 39: John Warburton-Lee/Michele Falzone; S. 78: John Wreford/Alamy; S. 79 oben: Feije Riemersma/Alamy; S. 79 unten: Photononstop/Frédéric Soreau; S. 100–101: age/Sylvain Grandadam; S. 111 oben: age/ScottD; S. 153: imagesBROKER/Oliver Gerhard; S. 157 oben: John Warburton-Lee/Niels van Gijn; S. 157 unten: Reiner Harscher

Kaiserstraße 14 b
D-80801 München

ISBN 978-3-89883-656-2
3. Auflage 2017

Projektleitung: Eva-Maria Hege
Rezepte & Texte: Malakeh Jazmati
Lektorat: Christine von Brühl
Redaktionelle Mitarbeit: Maria Dirschauer, Jutta Friedrich, Linh Nguyen
Grafische Gestaltung: Irene Schulz
Umschlaggestaltung: independent Medien-Design, Horst Moser, München
Fotografie: Maria Grossmann, Monika Schuerle
Foodstyling: Lukas Großmann
Herstellung: Frank Jansen
Producing: Jan Russok
Druck & Bindung: optimal media GmbH, Röbel

Im Buch enthaltene Fotos können zur eigenen Nutzung erworben werden unter www.stockfood.com

Die ZS Verlag GmbH ist ein Unternehmen der Edel AG, Hamburg.
www.zsverlag.de | www.facebook.com/zsverlag